Friedhelm Jung

Was ist „evangelikal“?

Weitere Titel aus der CV-Reihe »Dokumentationen«

Ohne Werte sind wir wertlos
Mit dem Zerfall der Werte geht unsere Gesellschaft zugrunde.

Taschenbuch, 96 Seiten,
CV-Best.-Nr. 273339, € 2,50
idea-Dokumentation 3/2002

Familie im Fokus
Gegen die Folgen des Werteverlusts

Taschenbuch, 128 Seiten,
CV-Best.-Nr. 273509, € 3,50
idea-Dokumentation 7/2006

Fundamentalismus
Sind bibeltreue Christen Fundamentalisten?

Taschenbuch, 96 Seiten
CV-Best.-Nr. 273378, € 2,50
idea-Dokumentation 5/2003

Streit um Jesus
Wer war er? Hat er wirklich gelebt?

Taschenbuch, 96 Seiten,
CV-Best.-Nr. 273379, € 2,50
idea-Dokumentation 7/2003

Weitere Titel aus der CV-Reihe »Dokumentationen«

Emanzipation - ein Irrtum?

Taschenbuch, 112 Seiten,

CV-Best.-Nr. 273547, € 4,50

idea-Dokumentation 11/2006

Quo Vadis, Europa?
Die Zukunft des christlichen Abendlandes

Taschenbuch, 128 Seiten,

CV-Best.-Nr. 273475, € 4,50

idea-Dokumentation 6/2006

Terrorismus
Fakten, Berichte, Hintergründe

Taschenbuch, 128 Seiten,

CV-Best.-Nr. 273432, € 3,50

idea-Dokumentation 1/2005

Leid, Tod, Trauer
Ein Wegweiser zur Hoffnung

Taschenbuch, 155 Seiten,

CV-Best.-Nr. 273455, € 3,90

idea-Dokumentation 10/2005

Informationen zum Autor: Dr. Friedhelm Jung studierte in Basel, Straßburg, Siegen und Marburg und promovierte 1991 an der theologischen Fakultät der Universität Marburg. Er ist heute Professor für systematische Theologie am Southwestern Baptist Theological Seminary in Texas/USA und leitet den Masterstudiengang am Bibelseminar Bonn.

IMPRESSUM
idea-Dokumentation 1/2007
Dr. Friedhelm Jung
Was ist evangelikal?

ISBN 978-3-89436-528-8

Koproduktion: Christliche Verlagsgesellschaft, Dillenburg
www.cv-dillenburg.de
idea e.V. – Evangelische Nachrichtenagentur, Wetzlar
www.idea.de

Gestaltung: dc agentur, Alexander Sommerfeld
www.dcagentur.de

Druck: CPI Books, Ulm

Printed in Germany

INHALT

Einführung

Vor gut 40 Jahren dringt der Begriff „evangelical“ aus der englischen Sprache in die deutsche ein. Man findet ihn in deutscher Übersetzung („evangelikal“) seit 1965 im *Evangelischen Allianzblatt*, der damaligen Zeitschrift der Deutschen Evangelischen Allianz. Später übernimmt ihn die evangelische Nachrichtenagentur *idea* und macht ihn einer breiteren Öffentlichkeit bekannt. Heute findet man den Begriff in fast jedem Lexikon erklärt. Fernsehsendungen und Zeitungsartikel informieren über die Evangelikalen. Leider sind die Informationen nicht immer seriös. Manchmal sind die Beiträge einseitig und ihre Verfasser erweisen sich als schlecht informiert. Zwei Beispiele: Die „Tagesthemen“ vom 7. November 2005 wollten aus Anlass der in jenen Tagen stattfindenden EKD-Synode über wachsende protestantische Gemeinden berichten. Dazu stellten sie ausgerechnet eine englischsprachige internationale Baptistengemeinde in Stuttgart vor, die überhaupt nichts mit der EKD zu tun hat. Gibt es keine wachsenden deutschsprachigen, zur evangelischen Kirche gehörenden Gemeinden, die man hier hätte porträtieren können?

Noch uninformierter verhielten sich die Redakteure des ARD-Beitrags „Jesus’ junge Garde – die christliche Rechte und ihre Rekruten in Deutschland“ vom 16. November 2005. Man wollte über die Evangelikalen in Deutschland berichten und wählte dazu die aus den USA stammende charismatische Jugendbewegung „The Call“ aus. Diese erst im Jahr 2003 in Berlin entstandene Organisation ist selbst evangelikalen Experten nicht bekannt und kann in keiner Weise als repräsentativ für den deutschen Evangelikalismus gesehen

werden. Den Zuschauern wurde ein völlig verzerrtes Bild der deutschen Evangelikalen Bewegung (EB) geboten.
Auf den nächsten Seiten wird erklärt, was evangelikal bedeutet, wo Evangelikale zu finden sind und welche Positionen sie vertreten.

1. Was bedeutet „Evangelikal“?

Der DUDEN (Bd. 1) definiert evangelikal als *die unbedingte Autorität des Evangeliums vertretend.* Das ist ohne Zweifel korrekt. Doch diese Definition würden auch viele Protestanten und Katholiken für sich in Anspruch nehmen, ohne mit den Evangelikalen identifiziert werden zu wollen. Deshalb muss exakter definiert werden.

Die deutschen Evangelikalen sammelten sich seit den sechziger Jahren des 20. Jahrhunderts als Protestbewegung gegen theologischen Liberalismus und Bibelkritik. Evangelikale entstanden also in jener Zeit, als Evangelische nicht mehr wirklich evangelisch waren. Wären die Evangelischen bei ihren eigenen, in der Reformationszeit formulierten Grundlagen geblieben, hätte es wahrscheinlich keine evangelikale Bewegung gegeben. Die Protestanten haben aber weithin seit der Aufklärung das verlassen, wofür sie einst bereit waren zu sterben:

- Die Bibel wird nicht mehr als Wort Gottes verstanden, sondern nur noch als religionsgeschichtliches Zeugnis der Antike.
- Jesus Christus wird nicht mehr als Sohn Gottes verehrt, sondern nur noch als vorbildlicher Mensch angesehen.
- Der christliche Glaube wird nicht mehr als der allein selig machende akzeptiert, sondern nur noch als eine Religion unter anderen betrachtet.

Evangelikale halten – trotz Aufklärung und Rationalismus – an den orthodoxen christlichen Glaubensüberzeugungen fest, wie sie in der Bibel zu lesen und über die Jahrhunderte in den

Kirchen vertreten worden sind: Jesus ist wirklich von der Jungfrau Maria geboren worden; er tat wirklich die Wunder, die wir in den Evangelien lesen; er starb wirklich stellvertretend für die Sünden der Menschen und wurde am dritten Tage von den Toten auferweckt; er wird wirklich sichtbar wiederkommen und sein Reich aufrichten.

Hinzu kommt, dass Evangelikale das persönliche Glaubensleben betonen. Es genügt nicht, christliche Überzeugungen formal für wahr zu halten. Vielmehr will der Glaube im Alltag Gestalt gewinnen. Deshalb haben für Evangelikale Gebet, Bibelstudium und Gemeinschaft mit anderen Christen einen hohen Stellenwert. Auch die missionarische Weitergabe des Glaubens gehört zu den wichtigsten Aufgaben jedes Christen. Denn Jesus Christus hat gesagt: Verkündigt das Evangelium in der ganzen Welt! (Matthäus 28,18-20)

Mit fünf Punkten lässt sich definieren, was evangelikal bedeutet:

1. Die Bibel ist Gottes Wort und deshalb autoritativ für Glauben und Leben. Bibelkritik wird als unsachgemäß abgelehnt.
2. Jesus von Nazareth ist der Mensch gewordene, für unsere Sünden gestorbene und auferstandene Sohn Gottes, in dem allein wir durch Glauben Heil und ewiges Leben finden. Andere Religionen werden nicht als Heilswege anerkannt.
3. Gebet, Bibelstudium und Gemeinschaft mit anderen Christen sind konstitutiv für jede christliche Existenz. Eine passive Kirchenmitgliedschaft widerspricht sich daher selbst.
4. Christliches Leben konkretisiert sich in Mission und Diakonie. Glaube ohne Werke ist tot.
5. Jesus Christus wird sichtbar wiederkommen und diese Welt vollenden. Die Menschheit kann aus eigener Kraft kein Paradies schaffen.

Eigentlich sind diese Punkte – zumindest jeweils in ihrem ersten Teil – genuin christliche Überzeugungen, wie sie durch die Jahrhunderte mit großer Selbstverständlichkeit von der Christenheit vertreten wurden. Deshalb behauptet auch der englische (evangelikale) Theologe John Stott: „Wenn ‚evangelikal' eine Theologie beschreibt, dann ist es die biblische Theologie. Die Evangelikalen behaupten, dass sie ganz einfach biblische Christen sind …"
Dennoch kann man nicht behaupten, dass Paulus, Augustinus, Luther und Calvin schon Evangelikale waren. Zwar würden die genannten Personen jeweils dem ersten Teil der fünf Definitionskriterien zustimmen, doch mit dem zweiten Teil könnten sie nicht immer etwas anfangen. Die Bibelkritik zum Beispiel kam erst nach der Reformation auf und entfaltete im 20. Jahrhundert ihre volle Wirksamkeit. Ohne die Bibelkritik hätte es jedoch nie eine EB gegeben. Daher formiert sich die deutsche EB erst in der zweiten Hälfte des 20. Jahrhunderts. In den USA dagegen entstand sie, wie wir noch sehen werden, etwas früher.
Mit den genannten fünf Kriterien identifizieren sich Christen aus den unterschiedlichsten Kirchen. Deshalb findet man auch Evangelikale unter den Lutheranern, Reformierten, Baptisten, Anglikanern, Methodisten, Mennoniten und auch unter Katholiken. Die Evangelikalen gehören also einer transkonfessionellen Erneuerungsbewegung an und wollen in den unterschiedlichsten Denominationen zu einer Rückbesinnung auf das biblische Erbe und zu einer geistlichen Belebung beitragen. Allerdings gibt es inzwischen auch erste Gemeinden und Gemeindeverbände, die das Wort „evangelikal" als Selbstbezeichnung aufgenommen haben (die „Arbeitsgemeinschaft evangelikaler Gemeinden" in Deutschland und die „Arbeitsgemeinschaft evangelikaler Gemeinden" in Österreich).

2. Wo liegen die Wurzeln der Evangelikalen?

Das Wurzelgeflecht der Evangelikalen ist größer als gemeinhin angenommen. Schon die Erweckungsbewegung im England des 18. Jahrhunderts, die von den Brüdern John und Charles Wesley ausging und in die Entstehung der methodistischen Kirche mündete, weist evangelikale Elemente auf. Besonders Punkt 3 der evangelikalen Kriterien wurde im Methodismus betont.

Mit der Gründung der Evangelischen Allianz 1846 in London tritt eine erste transkonfessionelle und Ländergrenzen überschreitende Bewegung in Erscheinung, die ebenfalls deutliche evangelikale Aspekte enthält.

Die Heiligungs- und Pfingstbewegung des ausgehenden 19. und beginnenden 20. Jahrhunderts lässt sich auch als evangelikal charakterisieren.

In Nordamerika überzieht noch vor Gründung der Vereinigten Staaten eine evangelikal geprägte Erneuerungsbewegung die Kolonien, die unter dem Namen „Great Awakening“ in die Geschichtsbücher eingegangen ist. Jonathan Edwards (1703-1758) gilt als ihr Initiator.

Ende des 19. Jahrhunderts formiert sich in den USA eine Bewegung, die im Sinne der Definition als weitgehend evangelikal zu bezeichnen ist. Bibelkritische Theologie, die von deutschen Universitäten an theologische Seminare der USA gelangt war, sorgte für viel Unruhe in den Kirchen und rief eine Protestbewegung hervor. Diese Protestbewegung setzte sich für die Geltung der traditionellen christlichen Wahrheiten ein, wie sie etwa im Apostolischen Glaubensbekenntnis formuliert sind:

- Gott ist der Schöpfer des Universums; die Welt und das Leben sind nicht zufällige Erscheinungen.
- Jesus von Nazareth ist wirklich von der Jungfrau Maria geboren worden; die Jungfrauengeburt ist kein Mythos.
- Der Tod Jesu Christi geschah zur Vergebung der Sünden und seine Auferstehung war ein Geschehen in Raum und Zeit.
- Jesus wird persönlich wiederkommen, um diese Welt zu vollenden.
- Die Bibel ist das unfehlbare Wort Gottes; Bibelkritik wird abgelehnt.

In einer ab 1910 erschienenen Buchreihe mit dem Titel „fundamentals" – hier hat auch der Begriff „Fundamentalist" seinen Ursprung – wurden diese Lehrsätze als Fundamente des christlichen Glaubens verteidigt.
Nach dem zweiten Weltkrieg entfaltet die evangelikale Bewegung der USA eine immer stärkere Kraft. Es werden evangelikal geprägte Colleges und Universitäten gegründet. Der evangelikale Zeitschriften- und Buchmarkt wächst erheblich. Evangelikale Großveranstaltungen mit Predigern wie Billy Graham oder Bill Bright sorgen landesweit für Aufsehen. Die EB in den USA hat ihre Dynamik bis heute erhalten können. Der Anteil der Evangelikalen an den 300 Millionen Einwohnern wird auf über 25 Prozent geschätzt. Ihr Einfluss auf Politik und Kultur war in den letzten 50 Jahren nie größer als heute.
Die EB im angelsächsischen Raum, vor allem die in den USA, hat auch die deutsche EB beeinflusst. US-Evangelikale haben in Deutschland Gemeinden gegründet, Bibelschulen ins Leben gerufen und evangelisiert. Der Baptistenpastor Billy Graham ist von 1953 bis 1993 mehrfach in Deutschland gewesen und hat auf Großveranstaltungen in Fußballstadien Hunderttausende erreicht.

Eine starke Wurzel der deutschen EB stellt der Pietismus dar. Dabei handelt es sich um eine Bewegung in den evangelischen Kirchen, die im 17. Jahrhundert entstand und besonderen Wert auf Herzensfrömmigkeit und tätige Nächstenliebe legte. Der Pietismus protestierte gegen einen toten Kopfglauben, der keine Auswirkungen auf den Alltag hat. Er hat tiefe Spuren in der Volksfrömmigkeit und auch im kirchlichen Leben hinterlassen und in der im 19. Jahrhundert einsetzenden Erweckungsbewegung eine Renaissance erlebt. Noch heute gibt es zahlreiche protestantische Gemeinschaften, die das pietistische Anliegen vertreten, ja sogar in ihrem Namen führen. So findet man etwa in Baden-Württemberg den „Altpietistischen Gemeinschaftsverband“. Der evangelische Gnadauer Gemeinschaftsverband mit seinen über 30 Verbänden und Ausbildungsstätten führt das pietistische Erbe bis heute weiter. Er wirkt als freies, evangelikal geprägtes Werk innerhalb der evangelischen Landeskirchen und möchte dort gemeinschaftsfördernde und missionarische Akzente setzen.

Auch die Freikirchen – Mennoniten, Baptisten, Methodisten, Freie evangelische Gemeinden, Brüdergemeinden, Pfingstler und andere – sind vom Pietismus und der Erweckungsbewegung beeinflusst worden. Zwar reichen die Wurzeln von Mennoniten und Baptisten in vorpietistische Zeit hinein, doch ist die pietistische Bewegung auch an diesen Freikirchen nicht spurlos vorübergegangen. Bis heute betonen sie die persönliche Glaubensentscheidung, die jeder Mensch zu treffen hat, und möchten das Evangelium von Jesus Christus missionarisch verbreiten.

Viele Pietisten fühlen sich der evangelikalen Bewegung zugehörig. Und da „evangelikal“ eine weltweit gebrauchte Bezeichnung für bibeltreue Christen ist, verdrängt sie mehr und mehr den Begriff „pietistisch“. So ist es kein Zufall, dass pietistisch geprägte Missionsgesellschaften, die sich 1974 in

einer Arbeitsgemeinschaft zusammengeschlossen haben, sich nicht die Selbstbezeichnung „Arbeitsgemeinschaft pietistischer Missionen“, sondern „Arbeitsgemeinschaft evangelikaler Missionen“ gegeben haben. Sie geben damit zu erkennen, dass sie sich mit der weltweiten evangelikalen Bewegung verbunden fühlen und das Wort Gottes unverkürzt den Menschen unserer Zeit bringen möchten.
Schließlich finden wir eine weitere Wurzel der deutschen Evangelikalen in der Bekennenden Kirche. Der Kirchenkampf in der nationalsozialistischen Zeit ließ evangelische Christen verschiedener Traditionen – Lutheraner, Reformierte und Unierte – zusammenrücken und für die Wahrheiten der christlichen Lehre, wie sie in Bibel und Bekenntnisschriften niedergelegt sind, streiten. Damals entstand die von dem Schweizer Theologen Karl Barth formulierte Barmer Theologische Erklärung, die noch heute eine wegweisende Bedeutung besitzt. Als dann ab 1950 immer stärker der theologische Liberalismus in Universität und Kirche um sich griff, riefen bibeltreue Theologen zum zweiten Kirchenkampf auf. Nun ging es nicht mehr um eine Bedrohung, die von außen kam, sondern von innen, aus den eigenen Reihen. Sie sollte abgewehrt und die christliche Lehre rein erhalten werden.
Aus diesem hier dargestellten Wurzelgeflecht erhebt sich ab etwa 1965 ein Stamm, den man die „evangelikale Bewegung“ nennen kann. Er bildet rasch verschiedene Zweige, die zwar eins sind in der Betonung der oben genannten fünf Kriterien, jedoch je für sich eigene Akzente setzen. (Näheres siehe: www.evangelikale-bewegung.de)

3. Wo findet man die Evangelikalen?

Überall. So könnte man kurz und knapp antworten. Die Evangelikale Bewegung (EB) ist eine überkonfessionelle Erneuerungsbewegung, die man auf jedem Kontinent und in fast jeder Denomination antreffen kann. Weltweit schätzt man die Zahl der Evangelikalen auf 600 Millionen. In dieser Zahl sind ca. 300 Millionen Pfingstler und Charismatiker enthalten, zu denen die anderen Evangelikalen teilweise ein gespanntes Verhältnis haben. Etwa 250 Millionen Evangelikale fühlen sich der Evangelischen Allianz verbunden.

Besonders stark sind die Evangelikalen in den USA vertreten. Dort wird ihre Zahl mit 80 Millionen angegeben, das sind über 25% Prozent der Bevölkerung. Das größte Wachstum erlebt die EB zur Zeit in Südamerika. In Brasilien etwa schätzt man die Zahl der sich zur EB zählenden Gläubigen auf 50 Millionen. Während Südamerika im Jahr 1900 noch fast völlig katholisch war, laufen heute so viele Menschen zur EB über, dass die Katholische Kirche sich schon genötigt sah, vor den „protes-tantischen Sektierern“ zu warnen. Auch der afrikanische Kontinent verzeichnet ein starkes Wachstum evangelikaler Kirchen; über 100 Millionen Mitglieder sollen sie angeblich haben – Tendenz steigend. In Asien stellt sich die Lage ungleich dar: Während sich in vielen Ländern die christliche Botschaft trotz großer Anstrengungen nur sehr langsam ausbreitet – man denke an Japan, Pakistan oder Bangladesch –, gibt es einige Nationen, die ein geradezu phänomenales Wachstum aufweisen. In China etwa wird die Zahl der Evangelikalen mit 80 Millionen angegeben, und dies trotz eines kompromisslosen kommunistischen Regimes. In

Südkorea sollen inzwischen 15 Prozent der Einwohner einer evangelikalen Kirche angehören. Hier finden sich auch die größten protestantischen Kirchen der Welt (mit teilweise mehreren Hunderttausend Mitgliedern). Das Land will in den nächsten Jahren bis zu 10.000 weitere Missionare in alle Welt aussenden. Schon heute arbeiten über 10.000 koreanische Missionare in 150 Ländern. Kein Land außer den USA hat mehr Missionare. Bedenkt man, dass die erste evangelische Gemeinde in Korea im Jahre 1884 gegründet wurde, lässt sich das enorme Wachstum der dortigen evangelischen Christenheit einschätzen.

Den geringsten Prozentsatz an Evangelikalen findet man in Europa. Zwar sind viele europäische Nationen nominell christlich, doch engagierte Christen im Sinne der EB findet man europaweit nur etwa 3 Prozent. Die Unterschiede zwischen den einzelnen europäischen Ländern sind teilweise beträchtlich: Während es in Norwegen 8 Prozent Evangelikale gibt, findet man in Belgien nur 0,8, in Spanien gar nur 0,5 Prozent. In Deutschland gehören knapp zwei Drittel der Einwohner einer christlichen Kirche an (31 Prozent katholisch, 30 Prozent evangelisch-landeskirchlich, 1 Prozent evangelisch-freikirchlich). Doch die überwiegende Mehrheit praktiziert eine passive Mitgliedschaft: Außer zum Heiligabend-Gottesdienst betritt man keine Kirche. Die Zahl der Evangelikalen liegt in Deutschland bei nur 1,7 Prozent. Diese 1,3 bis 1,4 Millionen deutschen Evangelikalen finden sich zu etwa gleich großen Anteilen sowohl in den evangelischen Landeskirchen wie in den evangelischen Freikirchen. Die Zahl katholischer Evangelikaler liegt wohl deutlich unter 100.000; evangelikal geprägte Ausländer (Afrikaner, Asiaten, Sinti und Roma), die sich meist in eigenen Gemeinden versammeln, zählt man etwa 80.000.

4. Was wollen die Evangelikalen?

Am Baum der deutschen Evangelikalen lassen sich vier große Zweige erkennen, zu denen jeweils wieder viele kleine Äste gehören (siehe auch Seite 86-87). Die vier Zweige sind:

- die Allianz-Evangelikalen
- die Bekenntnis-Evangelikalen
- die Pfingst-Evangelikalen
- die unabhängigen Evangelikalen

4.1. Die Allianz-Evangelikalen

Hiermit sind jene Evangelikalen gemeint, die sich von der Evangelischen Allianz vertreten fühlen. (Die Allianz-Evangelikalen könnten auch zutreffend als „pietistische Evangelikale" bezeichnet werden, weil die Evangelische Allianz stark von der Frömmigkeitsbewegung des Pietismus geprägt worden ist. Doch möchte ich bewusst bei dem Begriff Allianz-Evangelikale bleiben. Denn zu den pietistischen Evangelikalen würden auch Pfingstler zu rechnen sein; sie sind in Deutschland aus der pietistischen Gemeinschaftsbewegung erwachsen und weisen bis heute typisch pietistische Frömmigkeitsmerkmale auf. Da jedoch – trotz einer Annäherung von Evangelischer Allianz und Pfingstbewegung und trotz der Tatsache, dass sich viele Pfingst-Evangelikale von der Allianz vertreten fühlen – viele Allianz-Evangelikale noch eine distanzierte Haltung zu den Pfingstlern einnehmen, erscheint es wenigstens gegenwärtig noch sinnvoll, auch terminologisch den Unterschied zwischen Allianz-Evangelikalen und Pfingst-Evangelikalen durchzuhalten.)

Die Evangelische Allianz wurde 1846 in London als eine

überkonfessionelle Bewegung ins Leben gerufen. 921 Vertreter aus mehr als fünfzig verschiedenen Kirchen trafen sich, um Christen näher zusammenzuführen. Man hatte den Wunsch, in Zukunft enger zusammenzuarbeiten, da man entdeckt hatte, dass es überzeugte Christen in allen Denominationen gibt und ihre Übereinstimmung in Glaubensfragen viel größer ist als das Trennende. Es sollte jedoch keine neue Kirche entstehen, sondern eine überkonfessionelle Arbeitsgemeinschaft derer, die an Jesus Christus glauben.
Es wurde eine Glaubensbasis beschlossen, zu der sich jeder bekennen muss, der in der Allianz mitarbeiten möchte. Diese Basis stellt bis heute eine Art Glaubensbekenntnis vieler Evangelikaler dar. Es lautet in seiner revidierten Fassung von 1972:

> „Als Mitglieder der Evangelischen Allianz bekennen wir uns zur Offenbarung Gottes in den Schriften des Alten und Neuen Testaments. Wir heben folgende biblische Leitsätze hervor, die wir als grundlegend für das Verständnis des Glaubens ansehen und die uns als Christen zu gegenseitiger Liebe, zu praktischem Dienst und evangelistischem Einsatz eine Hilfe sein sollen.
>
> 1. Die Allmacht und Gnade Gottes des Vaters, des Sohnes und des Heiligen Geistes in Schöpfung, Offenbarung, Erlösung und Endgericht.
> 2. Die göttliche Inspiration der Heiligen Schrift, ihre völlige Zuverlässigkeit und höchste Autorität in allen Fragen des Glaubens und der Lebensführung.
> 3. Die völlige Sündhaftigkeit und Schuld des gefallenen Menschen, die ihn Gottes Zorn und Verdammnis aussetzen.
> 4. Das stellvertretende Opfer des Mensch gewordenen Gottessohnes als einzige und allgenugsame Grundlage

der Erlösung von der Schuld und Macht der Sünde und ihren Folgen.

5. Die Rechtfertigung des Sünders allein durch die Gnade Gottes aufgrund des Glaubens an Christus, der gekreuzigt wurde und von den Toten auferstanden ist.
6. Das Werk des Heiligen Geistes, der Bekehrung und Wiedergeburt des Menschen bewirkt, im Gläubigen wohnt und ihn zur Heiligung befähigt.
7. Das Priestertum aller Gläubigen, die die weltweite Gemeinde bilden, den Leib, dessen Haupt Christus ist, und die durch seinen Befehl zur Verkündigung des Evangeliums in aller Welt verpflichtet sind.
8. Die Erwartung der persönlichen, sichtbaren Wiederkunft des HERRN Jesus Christus in Macht und Herrlichkeit. Das Fortleben der von Gott gegebenen Personalität des Menschen. Die Auferstehung des Leibes zum Gericht und zum ewigen Leben der Erlösten in Herrlichkeit.“

Es fällt auf, dass in diesem Credo zwar die typisch evangelikalen Glaubensüberzeugungen artikuliert werden, jedoch Streitthemen ausgeklammert sind. Denn unter den Evangelikalen, die – wie oben angedeutet – aus den unterschiedlichsten Konfessionen kommen, gibt es keine Einheit über das Verständnis der Sakramente. So halten etwa lutherisch geprägte Evangelikale an der in ihrer Kirche praktizierten Säuglingstaufe fest. Baptistische Evangelikale dagegen lehnen diese ab und anerkennen nur die Glaubenstaufe. Auch beim Abendmahlsverständnis gibt es Unterschiede, die allerdings in der evangelikalen Welt nicht so hohe Wellen schlagen wie die Tauffrage. Die Verfasser der Glaubensbasis der Allianz haben diese Streitthemen bewusst ausgeklammert. Denn nach evangelikaler Überzeugung sind die Sakramente nicht heilsnotwendig; auch findet man im Apostolischen Glaubensbekenntnis, das eines der wichtigsten Bekenntnisse der Christenheit ist, keinerlei Erwähnung der Sakramente.

Die Evangelische Allianz fasste nur langsam in den Ländern Europas und später auch weltweit Fuß. Es gab mancherorts Angst davor, die Allianz könnte sich zu einer neuen Kirche entwickeln und so den konfessionellen Frieden stören. Doch bis heute ist die Allianz eine Bewegung von Christen aus Landes- und Freikirchen geblieben und hat der Versuchung widerstanden, eine „Allianzkirche" ins Leben zu rufen.

Vor allem drei Aufgaben verfolgt die Evangelische Allianz: Sie ruft jeweils am Anfang eines neuen Jahres zur Allianz-Gebetswoche auf, sie initiiert Großevangelisationen wie etwa (früher) die Veranstaltungen mit Billy Graham oder (heute) die ProChrist-Vortragsreihen mit Ulrich Parzany, und sie setzt sich für die weltweite Ausbreitung des Evangeliums ein. Daneben entfaltet die Allianz auch gesellschaftspolitisches Engagement: Sie setzt sich für Religionsfreiheit ein und kämpft gegen Armut und für die Einhaltung der Menschenrechte. Im 19. Jahrhundert bedeutete dies zum Beispiel, sich für die Abschaffung der Sklaverei einzusetzen. Heute setzt sich die Allianz für das Lebensrecht Ungeborener ein und macht immer wieder auf den Skandal der hohen Abtreibungszahlen aufmerksam. (Näheres siehe: www.ead.de)

4.1.1. Gebetswoche

Die jeweils im Januar stattfindende Allianzgebetswoche vereint im deutschsprachigen Europa rund 400.000 Teilnehmer. (Dazu kommen noch rund 100.000 Beter evangelikaler russlanddeutscher Gemeinden, die auch im Januar ihre Gebetswoche abhalten, aber unabhängig von der Allianz sind.) Sie treffen sich eine Woche lang jeden Abend abwechselnd in verschiedenen Kirchen und beten für Anliegen aus Kirche und Gesellschaft. In diesen Gebetsversammlungen verwirklicht sich das Allianzziel sehr gut: Es vereinen sich

Christen aus verschiedenen Konfessionen im Gebet. Auf diese Weise kommt man sich näher, lernt sich persönlich kennen und baut Vorurteile gegenüber den Mitgliedern anderer Konfessionen ab.

Erstmals in der Gebetswoche 2006 rief die Allianz dazu auf, die Millenniumsziele der Vereinten Nationen zu unterstützen. Alle 191 Mitgliedsstaaten der UN haben im Jahr 2000 die „Millennium Declaration" unterzeichnet und sich verpflichtet, bis 2015 bestimmte Millenniumsziele zu erreichen. So soll versucht werden, die extreme Armut zu halbieren, die Alphabetisierungsrate zu steigern, die Kindersterblichkeit um zwei Drittel zu senken usw. Mit ihrer „Micha-Initiative" greift die weltweite Evangelische Allianz die politische Diskussion um die Millenniumsziele der UN auf und empfiehlt den nationalen Allianzen, auf der Grundlage von Micha 6,8 um die Verwirklichung der Millenniumsziele zu beten. Die deutsche Allianz nahm diese Empfehlung auf und ordnete den acht Gebetstagen – vom 8. bis zum 15. Januar 2006 – jeweils eins der acht Millenniumsziele zu. (Näheres siehe: www.micahchallenge.org)

Die Allianz möchte damit beweisen, dass ihr nicht nur am Seelenheil der Menschen gelegen ist, wie Kritiker ihr zuweilen vorgeworfen haben. Vielmehr will sie auch zum irdischen Wohl der Menschheit beitragen und sich dafür einsetzen, dass Ungerechtigkeit und Ausbeutung überwunden werden.

4.1.2. Evangelisation

Die christlichen Kräfte einer Stadt zu bündeln und zehn bis vierzehn Tage an einem zentralen Veranstaltungsort das Evangelium zu verkündigen, ist ein weiteres Aufgabengebiet der Allianz. Früher fanden Großevangelisationen auf Allianzbasis vor allem in Stadien, Stadthallen oder in Zelten statt. Die moderne Technik hat in der jüngsten Vergangenheit mehr und mehr zu per Satellit vernetzten evangelistischen Veranstaltun-

gen geführt, die unter dem Namen „ProChrist“ einer breiteren Öffentlichkeit bekannt geworden sind.
Die ProChrist-Vortragsreihen mit Pfarrer Ulrich Parzany sind ohne die Allianz kaum denkbar. Die Allianz führt Leitungspersönlichkeiten aus unterschiedlichen Kirchen zusammen und regt Großereignisse wie ProChrist an. Dabei wird eine Woche lang die biblische Botschaft von einem zentralen Veranstaltungsort aus per Satellit in über 1000 Städte und Gemeinden in Deutschland und andere europäische Länder übertragen. 1993 fand die erste ProChrist-Veranstaltungsreihe in Essen statt. Damals war Billy Graham Referent. Weitere ProChrist-Übertragungsorte – jeweils mit Ulrich Parzany als Redner – waren Leipzig (1995), Nürnberg (1997), Bremen (2000), nochmals Essen (2003) und München (2006). ProChrist will Menschen einladen, sich mit dem Glauben an Gott zu beschäftigen. Es geht um Lebens- und Sinnfragen, um Perspektiven für die Zukunft, die aus der Bibel gewonnen werden. Die einwöchige Veranstaltung beginnt jeweils um 19.30 Uhr mit einem zwanzigminütigen Vorprogramm der einzelnen teilnehmenden Kirchengemeinde. Um genau 19.50 Uhr beginnt dann die Übertragung aus dem Hauptveranstaltungsort, die etwa 90 Minuten dauert. Danach schließt jede Gemeinde ihren Abend mit einer kurzen Schlussmoderation ab.
Zwar steht ein Teil der EB ProChrist kritisch gegenüber. Vor allem das Vorprogramm sei hypermodern; man biedere sich dem Zeitgeist an, um Außenstehende zu erreichen. Auch kämen in der Verkündigung von Ulrich Parzany zentrale biblische Lehren zu kurz. Doch die Befürworter weisen diese Kritik mit dem Argument „der Köder muss dem Fisch schmecken und nicht dem Angler“ zurück und verweisen auf die Auswertung der bisherigen Veranstaltungen, die klar gezeigt habe, dass Tausende Menschen Christen geworden sind und seitdem Kirchen besuchen. (Näheres siehe: www.prochrist.de)

Während ProChrist in der Anfangszeit von manchen Amtsträgern der evangelischen Landeskirchen kritisch bis ablehnend betrachtet wurde, sprechen sich heute nahezu alle evangelischen Bischöfe und auch viele Pastoren für eine Teilnahme aus. Der dramatische Mitgliederrückgang der Volkskirchen hat das Thema Mission wieder ganz neu in die Diskussion gebracht. Freilich ist zu befürchten, dass viele Amtsträger weniger aus biblisch-theologischer Einsicht und Liebe zu den Menschen als aus rein pragmatischen Gründen zu missionarischem Engagement aufrufen. Denn die leeren Kirchen – nur noch 4 Prozent der Kirchenmitglieder besuchen Gottesdienste – und die immer geringer werdenden Kirchensteuereinnahmen zwingen die Kirchen dazu, selbst solche Maßnahmen wieder in Erwägung zu ziehen, die über Jahrzehnte verpönt waren, von den Evangelikalen jedoch immer praktiziert worden sind. Gleichwohl stimmt es hoffnungsvoll, dass es in den weithin liberalen Landeskirchen langsam zu einem Umdenken kommt und nicht wenige Theologen der jüngeren Generation wieder vermehrt biblische Orientierung suchen.

Zum Bereich Evangelisation zählt – im weitesten Sinn – auch die publizistische Arbeit. Sie ist seit langem eine Domäne der Evangelikalen. Schon 1981 zeigte eine Untersuchung, dass es über 140 deutschsprachige Zeitschriften evangelikaler Prägung mit einer Gesamtauflage von jährlich 40 Millionen Exemplaren gibt. Zwar ist die in den letzten Jahren schwieriger gewordene Lage im Verlagswesen auch an den evangelikalen Verlagshäusern nicht spurlos vorübergegangen. Insgesamt jedoch verteidigen die evangelikalen Verlage ihre Position und haben jüngst mit einem Buch für Furore gesorgt: Der Titel *Schluss mit lustig. Das Ende der Spaßgesellschaft* des ZDF-Moderators und evangelikalen Christen Peter Hahne, der in einem bis dahin eher unbekannten evangelikalen Verlag erschienen ist, stand monatelang auf den Spitzenplätzen der

Bestsellerlisten und wurde vom Nachrichtenmagazin *Der Spiegel* zum Buch des Jahres 2005 gekürt. Es erreichte eine Auflage von über 700.000 Exemplaren – für ein deutschsprachiges evangelikal geprägtes Buch ein noch nie da gewesener Erfolg. Der Erfolg dieses Büchleins und der evangelikalen Literatur überhaupt muss ohne Zweifel auch auf dem Hintergrund der Sinnkrise des modernen Menschen verstanden werden, die sich in den letzten Jahrzehnten weiter verschärft hat. Zunehmende Umweltzerstörung, die Bedrohung des Friedens, Arbeitslosigkeit, verloren gegangene Werte und die Auflösung familiärer Bindungen haben bei vielen Menschen ein neues Fragen nach Religion und Glauben hervorgerufen.

Die wichtigste Nachrichtenagentur der Evangelikalen, *idea e.V.*, wurde 1970 von evangelikal geprägten Repräsentanten aus Landes- und Freikirchen gegründet, die in der Evangelischen Allianz zusammenarbeiteten. *idea* versteht sich selbst als eine unabhängige evangelische Nachrichtenagentur, die auf der theologischen Basis der Evangelischen Allianz arbeitet. Sie möchte einerseits dazu beitragen, der christlichen Botschaft in den Medien einen größeren Stellenwert einzuräumen; andererseits sollen Christen über Ereignisse aus der christlichen Welt informiert und miteinander in Kontakt gebracht werden. *idea* will Brücken zwischen Christen verschiedenster Prägungen schlagen. Aus bescheidenen Anfängen hat sich inzwischen das auflagenstärkste Nachrichtenmagazin des deutschsprachigen Protestantismus ent-wickelt: *idea-spektrum*. Es erscheint wöchentlich und hat eine Auflage von etwa 30.000 Exemplaren. Neben *idea-spektrum* publiziert idea u. a. folgende weitere Presseerzeugnisse: dreimal wöchentlich erscheint der *idea-Pressedienst*, einmal monatlich eine englischsprachige Ausgabe, mehrfach jährlich *idea-Dokumentation*. Auch Fernsehbeiträge werden von *idea* verantwortet, die auf Bibel TV gesendet werden. (Näheres siehe: www.idea.de)

Dieser am 11. Januar 2001 ins Leben gerufene digitale Fernsehkanal will die Bibel wieder stärker in die deutsche Öffentlichkeit bringen. Umfragen belegen schon seit Jahren, dass das Bibelwissen vor allem der jüngeren Generation stark abnimmt. Nur wenige Deutsche lesen noch regelmäßig die Heilige Schrift. Bibel TV möchte die Bibel wieder zum Thema machen. Gesellschafter von Bibel TV sind neben anderen folgende evangelikale Werke: Hänssler-Verlag, Evangeliums-Rundfunk, Campus für Christus und Christlicher Medienverbund KEP e.V. (Näheres siehe: www.bibeltv.de)
Letzterer wurde 1975 unter dem Namen *Konferenz evangelikaler Publizisten* (kep) ins Leben gerufen. Die KEP hat sich zur Aufgabe gemacht, eine wirkungsvolle und sachkompetente Vertretung der evangelikalen Bewegung in den Massenmedien zu erreichen. Ausgangspunkt war die Beobachtung, dass Christliches ein Schattendasein in den Massenmedien fristet. Während montags seitenlang in der Presse über die Fußballereignisse vom Wochenende berichtet wird, verliert kaum eine Zeitung ein Wort über einen Gottesdienst, der am Sonntag stattfand. Und dies, obwohl der Besuch der Gottesdienste um ein Mehrfaches höher liegt als der der Fußballstadien. Wenn überhaupt über Christliches in den Medien berichtet wird, dann oft verzerrt und mit kritischem Unterton. Dem möchte die KEP entgegenwirken durch (u. a.) sachkompetente Weitergabe der christlichen Botschaft in den Medien, durch Kommentierung wichtiger Ereignisse aus Kirche, Gesellschaft, Medien und Politik und durch Stärkung der Medienkompetenz in den Gemeinden durch Seminare und Vorträge. (Näheres siehe: www.kep.de)

4.1.3. Mission

Neben Gebet und Evangelisation liegt der Allianz viel an der weltweiten Mission. Gemäß dem Auftrag Jesu Christi: *„Gehet hin in alle Welt und predigt das Evangelium aller Kreatur“*

(Markus 16,15), arbeitet die Deutsche Evangelische Allianz (DEA) mit vielen Missionswerken zusammen. In der „Arbeitsgemeinschaft Evangelikaler Missionen“ (AEM) haben sich 90 Missionswerke und Ausbildungsstätten auf der Glaubensgrundlage der DEA zusammengeschlossen. Sie vertreten mehr als 2800 Missionare, die weltweit an der Verbreitung der christlichen Botschaft mitwirken. (Neben der AEM gibt es noch einen zweiten evangelikalen Missionsdachverband in Deutschland: die „Arbeitsgemeinschaft Pfingstlich-Charismatischer Missionen“ [APCM], zu der rund 50 Missionswerke mit 500 Missionaren gehören.) Diese „Missionare“ arbeiten längst nicht mehr so, wie man sich traditionell einen Missionar vorstellt: ein einsamer Weißer im afrikanischen Busch, der versucht, einigen Schwarzen Katechismus und Bibel beizubringen. Missionare sind heute theologische Lehrer, Ärzte, Hebammen, Landwirte, Schreiner, Ingenieure für Wasserbau, Sozialarbeiter usw., die mit Wort und Tat die Liebe Gottes zu den Menschen bezeugen. Da es heute in jedem Land christliche Gemeinden gibt, verstehen sich die europäischen Missionare als Mitarbeiter und Diener dieser Gemeinden. Sie bringen nicht die deutsche Kultur in ihr Missionsland, sondern das Wort Gottes sowie medizinisches und technisches Know-how. Sie versuchen, respektvoll mit kulturellen Eigenheiten ihrer Gastgeber umzugehen, helfen aber zugleich, zerstörerisch wirkende Traditionen (Alkoholismus, Geisterglaube, Drogenanbau und -handel, Ausbeutung von Kindern und Frauen) zu überwinden.

Um die missionarische Arbeit zu optimieren, hat die Arbeitsgemeinschaft Evangelikaler Missionen vier weitere Einrichtungen ins Leben gerufen: *Hilfe für Brüder e.V.* unterstützt weltweit die Ausbildung einheimischer Mitarbeiter in Evangelisation, Gemeindebau und Diakonie; *Christliche Fachkräfte International e.V.* entsendet Christen als Entwicklungshelfer in die Staaten der so genannten Dritten Welt; die *Deutsche*

Fernschule e.V. in Gießen bietet vor allem für Kinder der Missionare eine Grundschulausbildung nach deutschen Maßstäben an; und die *Akademie für Weltmission* in Korntal bei Stuttgart vermittelt Missionaren Weiterbildung, um den Missionsdienst noch effektiver ausrichten zu können. (Näheres siehe: www.aem.de; www.apcm.de)

4.1.4. Ausbildung

Christen haben zu allen Zeiten Wert auf eine solide Bildung gelegt. Im Mittelalter waren die Klosterschulen Stätten gehobener Bildung, im Zeitalter der Reformation wurden das Bildungswesen neu geordnet und Universitäten gegründet, und heute entstehen und wachsen Schulen in christlicher Trägerschaft selbst in atheistisch geprägten Regionen wie den neuen Bundesländern. In den letzten Jahrzehnten haben Evangelikale vor allem in zwei Bereichen des Bildungswesens Akzente gesetzt: der theologischen Ausbildung und der Allgemeinbildung.

Die Deutsche Evangelische Allianz initiierte 1977 den *Arbeitskreis für evangelikale Theologie*. Er hat sich zur Aufgabe gesetzt, den evangelikalen wissenschaftlichen Nachwuchs durch Vermittlung und Vergabe von Forschungsstipendien zu fördern und vermehrt fundierte evangelikal geprägte wissenschaftlich-theologische Literatur auf den Markt zu bringen. Die Arbeit des AfeT hat mit dazu beigetragen, dass inzwischen eine neue Generation gut ausgebildeter evangelikaler Theologen herangewachsen ist, die sowohl als Pastoren in der Gemeindearbeit stehen als auch an evangelikalen theologischen Seminaren, vereinzelt aber auch an Universitäten in der Ausbildung tätig sind. Auch das aus evangelikaler Feder stammende wissenschaftlich-theologische Schrifttum bildet inzwischen zur einseitig bibelkritischen Universitätstheologie eine achtbare Alternative. Der starke Rückgang von evangelischen Theologiestudenten und

-dozenten an den Universitäten (von 1985 bis 2006 fiel die Zahl der evangelischen Theologiestudenten an deutschen Universitäten von 11.000 auf unter 5000) und die gleichzeitige Zunahme von Theologiestudenten an den evangelikalen Seminaren (im deutschsprachigen Europa studieren an rund 50 evangelikalen Instituten etwa 3000 Studenten) wird in den nächsten Jahren zu einer weiteren Bedeutungszunahme evangelikaler Theologie führen. Erwähnenswert ist, dass von den genannten knapp 50 evangelikalen Bibelschulen und Seminaren, von denen über 30 zur evangelikal geprägten „Konferenz bibeltreuer Ausbildungsstätten" gehören, etwa 15 in den vergangenen 40 Jahren entstanden sind. Das zeigt zum einen die Dynamik der evangelikalen Bewegung, die entgegen dem Trend der Universitätstheologie auf Expansionskurs liegt. Es zeigt aber auch, dass eine die Bibelkritik ablehnende Theologie auf Wachstum programmiert ist im Gegensatz zur bibelkritischen Theologie, die auf allen Ebenen Verfallserscheinungen zeigt. (Näheres siehe: www.afet.de und www.bibelschulen.de)

Seit Anfang der siebziger Jahre des 20. Jahrhunderts vollzogen sich im Bildungswesen der Bundesrepublik Deutschland tief greifende Veränderungen. Das christlich-humanistisch geprägte Erziehungs- und Bildungswesen wurde mehr und mehr von einem materialistisch-atheistisch ausgerichteten abgelöst. Christliche Eltern machten erschreckende Erfahrungen mit atheistisch geprägten Lehrern an öffentlichen Schulen. Gleichzeitig beobachtete man eine zunehmende Verrohung der Schüler. Brutale Schlägereien schon an Grundschulen, bewaffnete und gewaltbereite Jugendliche an Hauptschulen, und ein Religionsunterricht, der diesen Namen nicht mehr verdiente, riefen nach Alternativen. Zahlreiche evangelikale Christen hielten die Zeit für gekommen, freie Schulen auf der Basis des christlichen Menschenbildes zu gründen. Es entstanden in den folgenden Jahren in ganz

Deutschland mehr als 60 Bekenntnisschulen, die in der Tradition pietistischer Pädagogen wie etwa August Hermann Francke stehen. Diese Bekenntnisschulen sind staatlich anerkannte Ersatzschulen, die nach öffentlichen Bildungsplänen unterrichten und von der Grundschule über die berufliche Schule bis zur gymnasialen Oberstufe das gesamte Schulspektrum abdecken und auch die entsprechenden staatlich anerkannten Abschlüsse bieten. Bekenntnisschulen vertreten das biblische Welt- und Menschenbild. Das bedeutet z.B., dass sich die an den Bekenntnisschulen vermittelte Pädagogik in erkenntnistheoretischer Hinsicht nicht auf die Autonomie der menschlichen Vernunft beruft, auch nicht die von vielen Pädagogen vertretene „gute Natur“ des Menschen anerkennt; vielmehr stützt sich christliche Pädagogik auf die Offenbarung Gottes in Jesus Christus und seinem Wort. Dieses aber lehrt, dass der Mensch ein Geschöpf Gottes und somit einem Höheren verantwortlich ist. Weiter lehrt die Offenbarung Gottes, dass der Mensch einen Hang zum Bösen hat und aus eigener Kraft nicht fortwährend das Gute vollbringen kann. Die Lehrkräfte an Bekenntnisschulen sind überzeugte Christen, die die Erkenntnisse moderner Pädagogik nicht ablehnen, aber kritisch hinterfragen. Sie wollen den Schülern nicht nur das an jeder Schule gelehrte Wissen, sondern zugleich christliche Werte wie Nächstenliebe, Demut, Dankbarkeit, Fleiß, Treue und Pflichtbewusstsein vermitteln. Die Bekenntnisschulen sind zusammengefasst in der „Arbeitsgemeinschaft Evangelischer Bekenntnisschulen“ (AEBS) und erfreuen sich keineswegs nur bei Eltern mit christlichem Hintergrund großer Beliebtheit. Auch viele Nichtchristen schicken ihre Kinder auf diese Schulen. Sie schätzen vor allem die von gegenseitiger Achtung und Nächstenliebe geprägte Atmosphäre. (Näheres siehe: www.wir-suchen-lehrer.de und www.aebs-online.de)

4.2. Die Bekenntnis-Evangelikalen

Bekenntnis-Evangelikale engagieren sich besonders im apologetischen Bereich. Als Mitglieder der evangelischen Landeskirchen verteidigen sie die Wahrheit von Bibel und kirchlichem Bekenntnis gegenüber Rationalismus, Bibelkritik und Atheismus.

Schon im 18. Jahrhundert gab es Theologen und Philosophen, die einzelne biblische Geschichten in Zweifel zogen. Mit der Ausbreitung von Aufklärung und Rationalismus breitete sich auch die Bibelkritik mehr und mehr aus. Der Zweifel an der Bibel wurde zum Prinzip erklärt. Alles in der Bibel Erzählte, was sich nicht auch heute noch ereignet, wurde ins Reich der Phantasie verwiesen. Die Jungfrauengeburt Christi, seine zahlreichen Wunder, die Auferweckung Christi von den Toten – alle diese Ereignisse seien mythischer Natur, hätten sich nicht wirklich in Raum und Zeit abgespielt, da sie heute nicht mehr vorkämen. Nach dem zweiten Weltkrieg gingen einige noch einen Schritt weiter: Sie meinten, die Existenz Gottes nicht mit den Gräueln des Krieges vereinbaren zu können und sprachen von einer „Theologie nach dem Tode Gottes". Der Gott, der alles „so herrlich regiere", sei tot; man müsse nach Auschwitz lernen, Gott anders zu denken und von ihm anders zu reden. Im Extremfall führte dies dazu, dass einzelne Theologen ihren Abschied vom christlichen Glauben erklärten. So sagte sich der frühere Göttinger Neutestamentler Gerd Lüdemann im Jahre 1998 offiziell vom christlichen Glauben los. Er verlor in der Folge seine Stelle als Professor für Neues Testament und bekam einen Lehrstuhl für „Geschichte und Literatur des frühen Christentums" zugewiesen.

Die Bekenntnis-Evangelikalen haben sich vor allem in der 1966 gegründeten *Bekenntnisbewegung „Kein anderes Evangelium"* zusammengefunden. Sie entstand als Antwort pietistisch geprägter Theologen auf das von dem Marburger Neutestamentler Rudolf Bultmann vertretene Entmythologisierungsprogramm. Bultmann hatte in diesem Programm die Geschichtlichkeit vieler biblischer Berichte in Frage gestellt und wollte sie nun existential interpretieren. Kritiker erkannten jedoch, dass Bultmanns Interpretieren letztlich ein Eliminieren war: Zentrale biblische Wahrheiten wie der Sühnetod und die Auferweckung Christi wurden aufgegeben. Bultmanns bibelkritische Theologie fand viele Anhänger auf Kanzeln und Kathedern. Es entstand die „Bultmann-Schule", durch die eine ganze Pastorengeneration geprägt wurde. Nicht wenige Mitglieder der Kirchen wurden durch die existentiale Interpretation verunsichert; manche verloren ihren Glauben. Von dieser Not veranlasst, schlossen sich u. a. die Pastoren Paul Deitenbeck und Rudolf Bäumer sowie die Theologieprofessoren Walter Künneth und Hellmuth Frey in der Bekenntnisbewegung zusammen, um der falschen Lehre entgegenzutreten und den verunsicherten Gemeindemitgliedern Orientierung anzubieten. Dies geschah und geschieht bis heute auf Konferenzen und durch die zweimonatlich erscheinende Publikation „Informationsbrief", die in Spitzenzeiten eine Auflage von bis zu 40.000 Exemplaren erreichte. Darin informiert die Bekenntnisbewegung über Fehlentwicklungen in Theologie und Kirche und gibt Orientierung anhand von Bibel und Bekenntnis. Die Bekenntnis-Evangelikalen haben sich die Aufgabe gestellt, miteinander in „ihren Kirchen für die schrift- und bekenntnisgebundene Verkündigung des Evangeliums zu beten und zu arbeiten, sich mit dem Evangelium zu ihrem Heiland und Herrn zu bekennen und nach ihren Möglichkeiten der Entstellung der Botschaft zu widerstehen mit dem Ziel der inneren Erweckung und Erneuerung ihrer Kirchen." Diese Erweckung und Erneuerung brauchen die evangelischen Kirchen mehr als alles andere. Bei einem durchschnittlichen Gottesdienstbesuch von nur noch 4 Prozent der Mitglieder, bei weiterhin hohen Austrittszahlen und bei zunehmenden Finanzproblemen hat die Volkskirche längst

ihre Stellung als Kirche des Volkes verloren. Nur eine umfassende Erneuerung kann ihren Weg in die Bedeutungslosigkeit aufhalten.
Als besonders tragisch empfindet es die Bekenntnisbewegung, dass sich die Kirchenleitungen nicht der bibelkritischen Theologie entgegengestellt und dadurch dazu beigetragen haben, dass viele treue Gemeindeglieder die evangelischen Landeskirchen verlassen und sich Freikirchen angeschlossen haben. (Näheres siehe: www.keinanderesevangelium.de und www.institut-diakrisis.de)

4.2.1. Neue Glaubensdokumente

Die Bekenntnis-Evangelikalen haben in den vergangenen Jahrzehnten einige neue Glaubensdokumente auf den Weg gebracht, die zwar keine Bekenntnisse im umfassenden Sinne sein wollen, aber doch zumindest Bekenntnischarakter besitzen. So wird zum Beispiel der Glaubensverwirrung, die durch die existentiale Interpretation der Bultmann-Schule entstanden ist, die „Düsseldorfer Erklärung" aus dem Jahre 1967 entgegengestellt. In ihr bekennen sich die Verfasser dazu, dass Jesu Kreuzestod kein Unfall der Geschichte, sondern die bewusste Tat des Gottessohnes zur Vergebung der Schuld war. Weiter wird die Irrlehre zurückgewiesen, Jesus sei nicht leiblich, sondern nur geistig auferstanden und lebe heute nur unpersönlich in seinem Wort weiter, wie etwa Goethe oder Schiller in ihren Werken weiterleben. Vielmehr wird daran festgehalten, was immer christliche Überzeugung war: dass Christus leibhaftig von den Toten auferstanden und zum Vater in den Himmel gegangen ist.
In der 1970 unter der Federführung des Theologen Professor Peter Beyerhaus verabschiedeten „Frankfurter Erklärung zur Grundlagenkrise der Mission" wird die Infragestellung des klassischen Missionsverständnisses zurückgewiesen. Während bisher Mission in erster Linie die Verkündigung des Evangeli-

ums von Jesus Christus beinhaltete, war es seit den sechziger Jahren des 20. Jahrhunderts zu einer Akzentverschiebung gekommen: An die Stelle der Aufforderung zur Bekehrung trat nun schwerpunktmäßig die karitative Tätigkeit. Der christliche Glaube wurde nicht mehr als der einzige Weg zu Gott angesehen. Auch die anderen Religionen zeigten angeblich Heilswege auf. Daher erübrigte sich auch der Aufruf zur Bekehrung und die Missionstätigkeit erschöpfte sich fortan in sozial-diakonischer Arbeit.

Die Frankfurter Erklärung weist diese Verzerrung des biblischen Missionsverständnisses nachdrücklich zurück. Sie betont, dass es kein Heil außerhalb von Jesus Christus gibt und dass das Ziel aller Mission darin besteht, Menschen zum Glauben an Jesus Christus zu führen. Damit setzt sich die Frankfurter Erklärung in Gegensatz zum postmodernen Denken unserer Tage und verteidigt zugleich die biblischen Aussagen. Denn die Bibel bezeichnet Jesus Christus als den einzigen Weg zum Heil (Johannes 14,6; Apostelgeschichte 4,12).

4.2.2. Abwehr gesellschaftlicher Missstände

Die Bekenntnis-Evangelikalen betrachten es als ihre Aufgabe, nicht nur vor Fehlentwicklungen in Theologie und Kirche zu warnen, sondern auch auf Irrwege der Gesellschaft hinzuweisen. Im Vorfeld der 1973 beschlossenen 4. Strafrechtsreform, in deren Folge es auch zu einer Teilfreigabe der Pornografie kam, haben die Bekenntnis-Evangelikalen vor diesem Irrweg gewarnt. Wer die bisherige sittliche Ordnung Deutschlands, die zumindest teilweise auf den ewig gültigen Anweisungen der biblischen Offenbarung beruhe, antaste, brauche sich nicht zu wundern, wenn Verwahrlosung und Verrohung zunehmen. Die Warnungen wurden nicht gehört. Heute – über 30 Jahre später – beginnen auch Protagonisten der 68-Generation zu begreifen, dass die Pornografisierung

unserer Gesellschaft mitverantwortlich ist für die Frühsexualisierung Jugendlicher und das tausendfache Zerbrechen von Ehen und Familien.
Zusammen mit vielen anderen Christen haben Bekenntnis-Evangelikale schon früh auf das Unrecht der Abtreibung hingewiesen. Dass in einem der reichsten Länder der Erde die meisten Abtreibungen aufgrund von angeblichen sozialen Notlagen („soziale Indikation“) durchgeführt werden, ist ein Skandal und zugleich ein Indiz für die soziale Kälte in unserem Land. Dass aber die Synode der Evangelisch-Lutherischen Kirche in Bayern in ihrer „Rosenheimer Erklärung“ die Abtreibung christlich zu rechtfertigen versucht hat, markiert einen Tiefpunkt kirchlicher Ethik. Bekenntnis-Evangelikale protestieren bis heute gegen die gängige Abtreibungsregelung in Deutschland. Es darf nicht sein, dass eine Studentin, die vor ihrem Examen schwanger wird, ihr Kind unter Hinweis auf die belastende Examenssituation abtreiben lässt. Ein Volk, das jährlich über 200.000 Kinder tötet, schaufelt sich selbst das Grab. Über 10 Millionen im Mutterleib getötete Kinder in den letzten 50 Jahren – gibt es seit Auschwitz ein größeres Unrecht? Die Bekenntnis-Evangelikalen weisen darauf hin, dass die Deutschen jene töten, die sie dringend brauchen, damit die Sozialversicherungssysteme in Takt bleiben und die Geburtenrate endlich wieder einmal die Sterberate übersteigt. Die deutsche Alterspyramide wäre nicht so entstellt, würden alle gezeugten Kinder auch leben dürfen.
Unmissverständlich haben die Bekenntnis-Evangelikalen auch gegen den theologischen Feminismus protestiert, der mit teils völlig abstrusen Behauptungen manche Irritationen hervorgerufen hat. Feministische Theologie wolle, so haben die Bekenntnis-Evangelikalen kritisiert, eine neue Sprache, ein neues Gottes- und Menschenbild und schließlich eine neue Gesellschaft schaffen. Sie sei in hohem Maße antichristlich

inspiriert und bekämpfe die biblischen Wahrheiten auf allen Ebenen. Feministische Theologinnen interpretierten einfach um, was ihnen nicht passe. So werde zum Beispiel Jesus Christus „verweiblicht“ und als „Jesa Christa“ bezeichnet. Angeblich habe er ein androgynes Wesen besessen. Sein Erlösungswerk bestehe nicht in der Vergebung von Sünden, sondern darin, dass er das Urbild des neuen, androgynen Menschen sei. Der Sühnetod Christi am Kreuz wird von manchen Feministinnen als eine „sadomasochistische christliche Auslegung des Todes Jesu bezeichnet.

Der theologische Feminismus interpretiert nicht nur die Bibel bewusst falsch, er hat 2006 auch eine skandalöse Bibelübersetzung auf den Markt gebracht, die nachweislich falsch übersetzt und somit absichtlich Menschen in die Irre führt. Diese „Bibel in gerechter Sprache“, die mit finanzieller Unterstützung der hessen-nassauischen Kirche ermöglicht worden ist und vor der die Bekenntnis-Evangelikalen ausdrücklich warnen, verfälscht im Geiste feministischer Theologie den Wortlaut der Bibel, so dass verschiedene Theologieprofessoren den Gebrauch dieser Übertragung ablehnen. Obwohl man weiß, dass es nie Pharisäerinnen gegeben hat, überträgt die „Bibel in gerechter Sprache“ Johannes 4,1 mit: „Als Jesus erfuhr, dass die Pharisäerinnen und Pharisäer gehört hatten, Jesus mache mehr (Menschen zu) Jüngerinnen und Jüngern und taufe mehr als Johannes – allerdings taufte Jesus nicht selbst, sondern seine Jüngerinnen und Jünger …“ In diesem einen Satz finden sich gleich drei von den Übersetzern bewusst eingebaute Übersetzungsfehler: Es gab keine „Pharisäerinnen“; das Wort „Jüngerinnen“ steht nicht im griechischen Grundtext; die Taufe wurde nicht von „Jüngerinnen“, sondern nur von den Jüngern Jesu durchgeführt. Die evangelische Landeskirche in Württemberg hat denn auch den Gebrauch dieser Übertragung in ihren Gottesdiensten ausgeschlossen.

Manche Feministinnen kämpfen um die Anerkennung ihrer lesbischen Lebensweise durch die Kirche und können bereits auf „Erfolge" zurückblicken. So wurden 1994 zwei lesbische feministische Theologinnen als Leitung eines kirchlichen Studienzentrums eingeführt, wogegen die Bekenntnis-Evangelikalen massiv protestierten. Doch die kirchliche Verwirrung geht inzwischen noch weiter. Erste evangelische Landeskirchen haben bereits grünes Licht für die Segnung gleichgeschlechtlicher Paare gegeben, und es finden sich immer mehr Pfarrer, die mit Billigung ihrer Kirchengemeinde homosexuelle Paare segnen. Es gibt Kirchengemeinden, die in ihrem Pfarrhaus Pastoren dulden, die in einer homophilen Partnerschaft leben. Damit haben die evangelischen Landeskirchen zweifelsohne einen bisherigen Tiefpunkt moralischer Dekadenz und geistig-geistlicher Verwirrtheit erreicht, der nur schwer zu unterschreiten sein wird. Was vom Glaubensdokument der Kirche als Sünde und Gräuel (3Mo 18,22; 20,13; 1Kor 6,9f) bezeichnet und als Indiz für völlige Verstockung (Röm 1,24-27) gewertet wird, das segnet die Kirche. Kann es größere Blindheit geben? Daher kommen die Bekenntnis-Evangelikalen zu dem Urteil: „Die herkömmliche Kirche befindet sich in einer rapiden Auflösung von Bekenntnis, Ethik und Ordnung … Wir stehen mitten im großen Abfall von Gott." Besonders erschreckend ist, dass verschiedene evangelische Kirchenvertreter – im vorauseilenden Gehorsam – sündige Verhaltensweisen legitimieren, *bevor* der Staat entsprechende Gesetze erlassen hat. Damit stellen sie Politikern einen „Persilschein" für Gesetze aus, die die Gesellschaft schädigen und Gottes Geboten Hohn sprechen. Anstatt Politiker und die Öffentlichkeit an ihren grundgesetzlichen Auftrag des Schutzes von Ehe und Familie zu erinnern und vor der Homosexualisierung der Gesellschaft zu warnen, die letztlich deren Untergang beschleunigen wird, fallen diese Kirchenrepräsentanten jenen Politikern noch in den Rücken, die praktizierte Homosexualität für einen Irrweg halten und bestrebt sind, die frech und frivol auftretende Homosexuellenlobby in die Schranken zu weisen.

Bekenntnis-Evangelikale weisen darauf hin, dass bisher niemand ein „Homosexuellen-Gen“ nachweisen konnte, mithin also die These von der genetischen Veranlagung auch durch oftmalige Wiederholung nicht wahr wird. Forschungen deuten vielmehr darauf hin, dass die Ursachen für homosexuelle Empfindungen in der Biografie liegen: Traumatische Erfahrungen in Kindheit oder Jugend, Minderwertigkeitsgefühle und mangelnde Selbstannahme, unglückliche Beziehungen zum anderen Geschlecht, missglückte Vater- und Mutterbeziehungen können Auslöser homophiler Neigungen sein. Erfahrungen Betroffener zeigen: Homophilen Menschen kann geholfen werden, ihre Gefühls- und Gedankenwelt wieder zu normalisieren. Zwar ist der Weg oft lang und mühsam, aber für den Einzelnen lohnend. Denn homosexuelle Menschen leiden unter ihrer Fixierung auf das gleiche Geschlecht.

Sollte jedoch ein Betroffener trotz Therapie seine homophilen Neigungen nicht verlieren, so ist von ihm aus Sicht der Bibel und der Bekenntnis-Evangelikalen sexuelle Enthaltsamkeit zu erwarten. Denn wie ein Heterosexueller, der keinen Lebenspartner gefunden hat, nicht einfach seine sexuelle Veranlagung ausleben darf, sondern zur Keuschheit verpflichtet ist, so gilt dies natürlich auch für einen Homosexuellen.

Interessant ist, dass die Evangelikalen in den oben angesprochenen Fragen weit mehr Übereinstimmung mit der katholischen als mit ihrer eigenen evangelischen Kirche haben. Ob Abtreibung, Feminismus oder Homosexualität – die Stellungnahmen der kath. Kirche halten sich viel enger an das biblische Zeugnis als jene der ev. Kirche. Natürlich bleiben die dogmatischen Differenzen zur katholischen Kirche bestehen. Doch ihre Ethik weist zahlreiche Berührungspunkte mit evangelikalen ethischen Positionen auf.

4.3. Die Pfingst-Evangelikalen

Die Pfingstkirchen und die charismatisch geprägten Kreise sind auf jeden Fall auch zur EB zu zählen, nicht nur, weil sich Pfingstler und Charismatiker selbst als „evangelikal" bezeichnen, sondern auch wegen ihrer theologischen Grundpositionen, die sich weitgehend mit denen der Evangelischen Allianz decken. Das phänomenale Wachstum der Pfingst-Evangelikalen im 20. Jahrhundert lässt sie heute nach der katholischen Kirche die größte christliche Gruppe sein. Vorsichtige Schätzungen gehen von mindestens 300 (optimistische von über 500) Millionen Pfingst-Evangelikalen aus; 200 Millionen gehören der Pfingstbewegung, der Rest charismatischen Gemeinden und Kreisen an. Viele Angehörige der charismatischen Bewegung sind zugleich Mitglieder klassischer Kirchen. Pfingst-Evangelikale vereinen Frömmigkeitsmerkmale anderer Konfessionen in sich: ihr Taufverständnis ist baptistisch, ihr Heiligungsverständnis methodistisch, ihre Evangelisationspraxis ähnelt jener der Heilsarmee und ihr Schriftverständnis ist konservativ-evangelikal.

4.3.1. Die Pfingstbewegung

Die Apostelgeschichte des Lukas berichtet in Kapitel 2 darüber, dass an jenem Pfingstfest, das auf die Kreuzigung und Auferstehung Jesu Christi folgte, der Heilige Geist auf die zwölf Apostel ausgegossen wurde, so dass sie *„anfingen, in anderen Sprachen* (oder: Zungen) *zu reden, wie der Geist ihnen gab auszusprechen"* (Apg 2,4). Da die Sprachenrede an dem genannten Pfingstfest erstmals unter den Jüngern Jesu auftrat, werden jene christlichen Kreise, die diese Art des Betens besonders pflegen, unter der Bezeichnung „Pfingstbewegung" zusammengefasst.
Obwohl es im Verlauf der Kirchengeschichte verschiedene Beispiele von Christen gibt, die das Charisma der Sprachenrede besaßen, ist der Begriff „Pfingstbewegung" für jenen

Aufbruch reserviert, der Anfang des 20. Jahrhunderts in den USA erfolgte. Schon im 19. Jahrhundert konnte eine Verdichtung charismatischer Aufbrüche registriert werden, die in immer weiteren Kreisen Interesse am Wirken des Heiligen Geistes weckten. Charles F. Parham, der Leiter einer Bibelschule in Topeka, Kansas (USA), betrachtete nach intensivem Studium der Apostelgeschichte die Zungenrede als Erkennungsmerkmal für die Geistestaufe. Auf Grund dieser Überzeugung suchten er und die Schüler seiner Bibelschule die Gabe der Sprachenrede. Am 1. Januar 1901 sprach die erste Person in Zungen, wenige Tage später hatten auch die meisten anderen Bibelschüler diese Gabe empfangen. Dieses Ereignis wird gewöhnlich als Beginn der Pfingstbewegung betrachtet; denn wenn auch andere schon vorher in fremden Sprachen geredet hatten, war das doch das erste Mal, dass Personen die Geistestaufe gesucht hatten in der Erwartung, dass das Sprachenreden deren Beweis sei.

Die neue Bewegung breitete sich von Topeka ausgehend auch in anderen Staaten der USA aus, erreichte ihren entscheidenden Durchbruch aber erst fünf Jahre später in Los Angeles. Hier wirkte ein Schüler Parhams, W. J. Seymour. Er mietete eine alte Methodistenkirche in der Azusa Street, wo feurig-enthusiastische Versammlungen abgehalten wurden. Während drei Jahren fanden hier ununterbrochen Gebetsversammlungen statt mit Zungenreden, Zungensingen und Prophetien. Bedeutsam ist, dass in der Anfangszeit der Pfingstbewegung überwiegend Schwarze als Führer auftraten, was eine Erklärung für den überaus enthusiastischen Charakter der Versammlungen jener Zeit sein kann.

Von Los Angeles aus breitete sich die Pfingstbewegung innerhalb kurzer Zeit über die ganze Erde aus. Nach Europa kam sie durch den norwegischen Methodistenprediger Thomas B. Barratt, der im Jahre 1906 während einer Kollektenreise durch die USA die „Geistestaufe“ nach viel Gebet und Fasten erlebte.

In den deutschen Gemeinschaftskreisen wartete man schon seit einigen Jahren auf eine geistliche Neubelebung. Geschürt wurde diese Erwartung besonders durch die Berichte von Erweckungen in Wales in den Jahren 1904 und 1905. Im März und April 1905 kam es dann in Mülheim an der Ruhr zu erwecklichen Aufbrüchen. Der Andrang zu den von den evangelischen Pastoren Girkon und Modersohn durchgeführten Versammlungen war so groß, dass sie über mehrere Wochen fortgesetzt werden mussten. Es kam zu vielen Bekehrungen, auch von dem christlichen Glauben völlig fern stehenden Menschen, doch blieben die außerordentlichen Charismen (Prophetie, Heilung und Zungenrede) aus. Diese traten erst in Deutschland auf, als zwei norwegische Zungenrednerinnen auf eine Einladung hin nach Hamburg und Kassel reisten. Vom 7. Juli 1907 an wurden in Kassel erweckliche Versammlungen mit den beiden Norwegerinnen abgehalten, in deren Verlauf viele Besucher in Zungen zu reden begannen. Anfangs verlief alles geordnet; mit zunehmender Dauer der Veranstaltungen nahmen aber ekstatische Ausbrüche zu, so dass die Versammlungen auf Drängen der Polizei abgebrochen wurden.

Unter den Führern der deutschen Gemeinschaftsbewegung bestand weithin Unsicherheit in der Beurteilung der neuen Bewegung. Während zu Beginn der Kasseler Veranstaltungen eher Zustimmung signalisiert wurde, nahm man nach Bekanntwerden der Ausschreitungen eine distanziertere Haltung ein. Am Ende zahlreicher Gespräche und verschiedener Erfahrungen mit der neuen Bewegung setzte sich unter den führenden Gemeinschaftsleuten (und teilweise auch Freikirchlern) schließlich die Überzeugung durch, die Pfingstbewegung sei nicht göttlichen, sondern teuflischen Ursprungs.

Dieses harte Urteil, das in der „Berliner Erklärung 1909" mit den Worten: „Die sogenannte Pfingstbewegung ist nicht von oben, sondern von unten; sie hat viele Erscheinungen mit dem

Spiritismus gemein ...“ von 56 Führern aus Gemeinschaftsbewegung und Evangelischer Allianz gefällt wurde, leitete die Entstehung einer selbständigen Pfingstbewegung ein. Denn viele Christen aus der Gemeinschaftsbewegung, die die Erfahrung der „Geistestaufe“ gemacht hatten, konnten aufgrund dieses Urteils der Berliner Erklärung nicht mehr im Gnadauer Verband bleiben und gründeten eigene Gemeinschaften. Nach und nach bildeten die neu gegründeten Gemeinden feste Strukturen aus; bald wurde auch ein eigenes Liederbuch (Pfingstjubel) und eine Zeitschrift (Pfingstgrüße) herausgegeben. – Die Mehrheit der pfingstlich geprägten Kreise orientierte sich an den seit 1909 jährlich stattfindenden Mülheimer Konferenzen, die dem einen Zweig der deutschen Pfingstbewegung den Namen gaben: „Mülheimer Verband Freikirchlich-Evangelischer Gemeinden“. Diesem seit 1913 bestehenden Verband von Pfingstgemeinden gehören heute etwa 3.800 Mitglieder an. Daneben gibt es einen zweiten Verband, den „Bund Freikirchlicher Pfingstgemeinden in Deutschland“, der bis 1982 „Arbeitsgemeinschaft der Christengemeinden Deutschlands“ hieß. Er entstand 1948 durch einen Zusammenschluss zahlreicher Einzelgemeinden und hat etwa 40.000 Mitglieder. Während der Mülheimer Verband als eine gemäßigte, d.h. wenig enthusiastische Pfingstkirche gilt, die von ihren Mitgliedern auch nicht den Austritt aus der Landeskirche verlangt und die Kindertaufe anerkennt, ist der Bund Freikirchlicher Pfingstgemeinden enthusiastischer geprägt und bewusst freikirchlich orientiert. Der Bund Freikirchlicher Pfingstgemeinden ist – zusammen mit noch einigen anderen, kleineren Pfingstkirchen – seit 1979 im „Forum Freikirchlicher Pfingstgemeinden“ organisiert, einer Plattform, die der Begegnung und dem Gespräch von Vertretern der verschiedenen deutschen Pfingstrichtungen dient. (Näheres siehe: www.pfingstbewegung.de; www.bfp.de)

4.3.2. Die charismatische Bewegung

Die Pfingstkirchen gehören weltweit zu den am schnellsten wachsenden Denominationen und stellen mit über 200 Millionen Mitgliedern noch vor den Anglikanern, Reformierten und Lutheranern die größte protestantische Kirche dar. In Deutschland stehen die Pfingstler jedoch im Schatten der Landeskirchen und können keine so großen Zuwachsraten aufweisen wie in anderen Ländern. – Etwas anders verhält es sich mit der deutschen charismatischen Bewegung. Sie stellt bisher (noch) keine eigene Denomination dar, hat aber als transkonfessionelle Bewegung Eingang in Landes- wie in Freikirchen gefunden und wird dort wie auch in der katholischen Kirche stark beachtet. In den vergangenen zwei Jahrzehnten sind zusätzlich einige Dutzend charismatisch geprägte Gemeinden entstanden (oft als „Christliches Zentrum" bezeichnet), die sich in netzwerkartigen Zusammenschlüssen verbunden haben, aber (noch) keine eigene Denomination darstellen. Überregional bekannt geworden sind vor allem die „Biblische Glaubens-Gemeinde Stuttgart", das „Glaubenszentrum Bad Gandersheim" und das „Christliche Zentrum Berlin".

Die charismatische Bewegung geht in ihrem Ursprung auf Einflüsse der Pfingstbewegung zurück. Dennis J. Bennett, Pastor einer Episkopal-Kirche in Van Nuys, Kalifornien, empfing im November 1959 unter Handauflegung die „Geistestaufe" und die Gabe des Sprachenredens. Seine Erfahrung war in den außerhalb der Pfingstbewegung stehenden amerikanischen Kirchen ungewöhnlich und erregte schnell Aufsehen, besonders nachdem NEWSWEEK und TIME darüber berichtet hatten und in einer Fernsehsendung der in Zungen redende Bennett zu sehen gewesen war. In den folgenden Jahren entstanden in vielen nichtpfingstlichen Kirchen der USA – auch in der katholischen Kirche – charismatische Gruppen, die durch bewusstes Einbringen der ganzen Bandbreite neutestamentlicher Charismen eine geistliche Belebung *der* Gemeinden anstreben, zu denen sie gehören und die sie nicht verlassen wollen, auch wenn sie innerhalb ihrer eigenen Kirchen zeitweise auf Widerstand stoßen.

Nach Deutschland wurde die charismatische Bewegung durch den lutherischen Pfarrer Arnold Bittlinger gebracht. Er hatte die amerikanische charismatische Bewegung auf einer Studienreise durch die Vereinigten Staaten im Herbst 1962 kennengelernt und zeigte sich von ihrem nichtschwärmerischen Charakter beeindruckt. Nach seiner Rückkehr in die Bundesrepublik kam es zu verschiedenen Tagungen und der Gründung von Hauskreisen, in denen die neu gemachten Erfahrungen weitergegeben wurden. – Das Jahr 1968 markiert einen ersten wichtigen Einschnitt in der Geschichte der deutschen charismatischen Bewegung: Auf Schloss Craheim (Unterfranken) gründeten die landeskirchlichen Pfarrer Arnold Bittlinger und Reiner-Friedemann Edel, die Baptisten Wilhard Becker und Siegfried Großmann und der Katholik Eugen Mederlet (OFM) das „ökumenische Lebenszentrum für die Einheit der Christen“, in dem seither charismatisch geprägte Tagungen und Freizeiten stattfinden.

Ein weiterer Einschnitt erfolgte 1976, als sich der „Koordinierungsausschuss der Charismatischen Gemeinde-Erneuerung in der evangelischen Kirche“ konstituierte, dessen Vorsitzender in den ersten beiden Jahren Arnold Bittlinger war. Bittlinger wurde 1978 von Wolfram Kopfermann abgelöst, unter dessen Leitung die Entwicklung der Gemeinde-Erneuerungs-Bewegung einen rasanten Verlauf nahm. Seit 1978 erscheint unter der Verantwortung Kopfermanns der „Rundbrief der Geistlichen Gemeinde-Erneuerung in der Evangelischen Kirche“, der über die Arbeit der Geistlichen Gemeinde-Erneuerung (GGE) informiert und zu von der GGE durchgeführten Tagungen einlädt.

Die GGE, die sich als eine geistliche Erweckungsbewegung innerhalb der Kirche versteht, möchte ihr Anliegen, den Kirchen zu neuem geistlichen Leben zu verhelfen, vor allem durch Tagungen weitergeben. So wird etwa in „Einführungsseminaren“, zu denen Theologen und Laien eingeladen sind, nicht nur auf die Relevanz des Wirkens des Heiligen Geistes für das persönliche und das gemeindliche Leben hingewiesen, sondern durch Gebet und Handauflegung auch ganz konkret die „Geist-Erneuerung“ mitgeteilt, so dass es immer wieder zum Empfang von Charismen kommt. „Vertiefungsseminare“ sind für solche Teilnehmer gedacht, die bereits Erfahrungen mit den Geistesgaben gemacht haben, und behandeln ein bestimmtes Thema, etwa die Frage nach der Praxis der Krankenheilung in der Gemeinde, ausführlich. Die Tagungen der GGE richten sich zwar in erster Linie an Mitglieder der evangelischen Landeskirchen; tatsächlich aber kommen die Teilnehmer auch aus verschiedenen Freikirchen und der katholischen Kirche.

Das Jahr 1988 brachte für die GGE einen Rückschlag. Wolfram Kopfermann, der Leiter des Koordinierungsausschusses der GGE von 1978 bis 1988, gehörte einst mit zu denen, die sich im „Selbstverständnis der GGE“ zur verfassten evangelischen Kirche als dem der GGE von Gott zugewiesenen Platz bekannt hatten. Da er aber aufgrund des in der Kirche herrschenden „Pluralismus“ seine Vision von durch die Kraft des Heiligen Geistes erneuerten Gemeinden für nicht realisierbar zu erkennen glaubte, legte er im September 1988 sein Amt als Pastor an der Hauptkirche St. Petri in Hamburg nieder und trat aus der Landeskirche aus. In seine neu gegründete „Freie ev.-luth. Anskar-Kirche“ folgten ihm über 500 Gläubige, von denen viele ebenfalls aus der Landeskirche austraten.

Während sich die Mitgliederzahl der deutschen Pfingstbewegung mit etwa 70.000 (plus 50.000 Sympathisanten)

noch einigermaßen exakt angeben lässt, ist es schwierig, die Größe der charismatischen Bewegung zu ermitteln, da viele Charismatiker nicht in eigenen Gemeinden organisiert, sondern Mitglieder klassischer Kirchen sind (in der EKD ca. 40.000; in der kath. Kirche ca. 10.000; unter den Baptisten ca. 15.000). Schätzungen gehen von 50.000 bis zu 100.000 Charismatikern aus, so dass die Gesamtzahl der Pfingst-Evangelikalen in Deutschland bei 120.000 bis 170.000 liegt. Wie oben erwähnt, gehören die Pfingstgemeinden zu den am schnellsten wachsenden christlichen Kirchen. Auch in Deutschland befinden sich – im Unterschied zu den meisten anderen Kirchen – die charismatisch geprägten Gemeinden auf Wachstumskurs. Ihre Attraktivität gerade auch für junge Leute besteht unter anderem darin, dass sie den oft nüchtern-sachlich ablaufenden Gottesdiensten der etablierten Kirchen lebendige, die Gefühle der Besucher ansprechende Gottesdienste entgegenstellen. Pfingstler wollen das Kopfchristentum überwinden und das Übernatürliche in den Alltag hineinholen. Sie rechnen mit Wundern und beten deshalb für Kranke um Heilung, sprechen in unverständlichen Sprachen (Glossolalie) und pflegen prophetische Rede. Dass dies in unserer das aufklärerisch-rational-nüchterne Erbe verwaltenden Gesellschaft anziehend wirkt, braucht nicht hervorgehoben zu werden.
Zugleich zeichnet sich die charismatische Frömmigkeit durch einen starken missionarischen Drang und großes soziales Engagement aus. Vor allem in Lateinamerika, wo die Pfingstler ein phänomenales Wachstum aufweisen, erreichen sie die sozial Unterprivilegierten durch diakonische Maßnahmen unterschiedlichster Art. Dadurch wirken sie direkt in die Gesellschaft hinein und bewirken spürbare Verbesserungen für Kranke, Arme und Süchtige. (Näheres siehe: www.bgg-stuttgart.de; www.gee-online.de; www.gadw.org)

4.3.3. Die Stellung von Pfingstlern und Charismatikern innerhalb der deutschen Evangelikalen Bewegung

In fast allen Ländern, in denen es die Evangelische Allianz gibt, ist die Mitarbeit von Pfingstlern und Charismatikern in der Allianz eine Selbstverständlichkeit. In Deutschland ist das anders. Als hier die Pfingstbewegung Anfang des 20. Jahrhunderts in die Gemeinschaftsbewegung einbrach, erhoben führende Gemeinschaftsleute Bedenken: Die Pfingstbewegung wurde als „von unten" betrachtet. Dieses in der Berliner Erklärung von 1909 formulierte Urteil stützt sich einmal auf die in den Pfingstkreisen vorgekommenen enthusiastisch-ekstatischen Entgleisungen, dann aber auch auf die Lehren der Pfingstler über die sogenannte „Geistestaufe" und die Zungenrede. Im Blick auf die Lehre über die „Geistestaufe" gibt es in der weltweiten Pfingst-Christenheit ein drei- und ein zweistufiges Schema. Nach dem Dreistufenschema tritt die „Geistestaufe" (mit begleitender Zungenrede) erst nach den – auch von nichtpfingstlichen Heiligungskirchen des 19. Jahrhunderts gelehrten – beiden ersten Stufen, Bekehrung (Wiedergeburt) und Heiligung, ein. Im Zweistufenschema beginnt mit dem Tag der Wiedergeburt der lebenslang andauernde Prozess der Heiligung. Die Geistestaufe als zweite Stufe liegt in der Regel irgendwann nach der Wiedergeburt. Die große Mehrheit der Pfingstkirchen vertritt heute das Zweistufenschema.

In Deutschland nahmen viele außerhalb der Pfingstbewegung stehende Christen einen doppelten Anstoß an den pfingstlichen Lehren: Zum einen wurde der Terminus „Geistestaufe" als eine Bezeichnung für ein nach der Bekehrung dem Christen widerfahrendes Geschehen abgelehnt (Stufenschema), zum anderen konnte man nicht anerkennen, dass jeder geistgetaufte Christ das Charisma der Sprachenrede haben müsse.

4.3.3.1. Die „Geistestaufe“

Auch unter den Pfingstlern gibt es keine einheitliche Definition von „Geistestaufe“. Weitgehende Einheit besteht aber in der Überzeugung, dass mit der „Geistestaufe“ nicht der erstmalige Empfang des Heiligen Geistes gemeint ist. Denn sonst würde allen Christen, die nicht das Erkennungszeichen der „Geistestaufe“, die Zungenrede, haben, der Besitz des Heiligen Geistes und damit auch die Errettung (vgl. Röm 8,9b) abgesprochen, wovon dann natürlich auch alle Christen vor dem Aufkommen der Pfingstbewegung betroffen wären. Vielmehr ist es auch pfingstliche Lehre, dass mit der Bekehrung (Wiedergeburt) der Mensch gerettet wird. Und da diese Errettung ein Werk des Geistes ist, muss der Wiedergeborene den Heiligen Geist auch haben. Hier nun kommen die Pfingstler, wenn sie dies zugeben, in die Situation, die „Geistestaufe“, die ja nach der Wiedergeburt erfahren wird, als ein Mehr an Geist zu definieren, was aber in gewissem Widerspruch zu der Überzeugung vom Person-Sein des Geistes steht: Eine Person kann man nicht halb haben. Daher helfen sich viele Pfingstler mit folgender Theorie: So wie Jesus vom Geist Gottes gezeugt wurde, so werden Menschen vom Heiligen Geist wiedergeboren, ohne den Geist als „Gabe“ zu besitzen; und wie Jesus bei der Taufe im Jordan die Geistestaufe empfing, so brauchen auch die Christen diese „Zweiterfahrung“ als eine besondere Ausrüstung zum Dienst. Andere Pfingstkreise dagegen, die auch am Stufenschema festhalten, lehren, dass auch der Wiedergeborene und noch nicht „Geistgetaufte“ die „Gabe“ des Geistes habe. Nach dem Lehrverständnis der meisten Pfingstgemeinden wird zwischen dem Empfang der Gabe des Heiligen Geistes bei der Wiedergeburt und der Geistestaufe unterschieden. Viele Pfingst-Evangelikale verstehen es so, dass der Heilige Geist bei der Wiedergeburt das göttliche Leben wirkt und bei der Geistestaufe die Salbung zum Dienst schenkt. Hier wird also zu-

gegeben, dass der Wiedergeborene die Person des Heiligen Geistes habe, dass mit der „Geistestaufe" aber zusätzliche Kräfte des Heiligen Geistes vermittelt werden.
Von diesen nicht deutlich unterscheidbaren Konzeptionen hebt sich die Lehre des „Christlichen Gemeinschaftsverbandes Mülheim (Ruhr)" sowie der Geistlichen Gemeinde-Erneuerung (GGE) ab. Dort wird der Begriff „Geistestaufe" auf den Empfang des Heiligen Geistes bei der Bekehrung (Wiedergeburt) angewandt, jedem Stufenschema eine Absage erteilt und festgestellt, dass jeder wirkliche Christ „Charismatiker" ist. An diesen einmaligen Empfang des Heiligen Geistes können sich im Laufe eines Christenlebens freilich mehrmalige vertiefende Erfüllungen mit dem Geist Gottes – auch verbunden mit dem Empfang oder Offenbar-Werden von Charismen – anschließen, was aber nicht, wie bei den meisten Pfingstlern üblich, mit dem Begriff „Geistestaufe" bezeichnet werden darf. – Viele evangelikale Theologen außerhalb der Pfingstbewegung und der charismatischen Bewegung vertreten ebenfalls diese Auffassung, verwerfen aber entschieden das Stufenschema der klassischen Pfingstbewegung.

4.3.3.2. Die Zungenrede

Diejenigen Pfingstgemeinden, die die Geistestaufe als eine Zweiterfahrung nach der Wiedergeburt lehren, betrachten die Zungenrede als deren Beweis. Dieser Lehrsatz, der zum ersten Mal in der Geschichte von Parham aufgestellt worden sein soll und nur unter Missachtung von 1. Korinther 12,30 entstehen konnte, sollte ungeahnte Folgen haben; denn er wurde die lehrmäßige Grundlage der Pfingstbewegung des 20. Jahrhunderts und bewirkte in der Weltchristenheit viel Separation. Doch wie schon bei der Lehre von der „Geistestaufe" gehen auch in der Frage nach der Sprachenrede der Mülheimer Verband und die deutsche GGE einen eigenen, mehr biblisch orientierten Weg: Sie lehnen Glossolalie als

Beweis für die Geistestaufe ab und verstehen jene Berichte der Apostelgeschichte, in denen ein zeitliches Auseinanderklaffen von Bekehrung und sichtbarem Geistempfang geschildert wird (Apg 1,5; 8,4-25; 19,1-7), als Sondersituationen, die auch einer besonderen Auslegung bedürfen. – Auch hier vertreten evangelikale Ausleger außerhalb der Pfingstbewegung und der charismatischen Bewegung im Wesentlichen die gleiche Position wie der Mülheimer Verband und die GGE.

4.3.3.3. Differenzierte Beurteilung von Pfingstlern und Charismatikern

Pfingstler und Charismatiker haben innerhalb der deutschen EB keinen leichten Stand. Auch wenn sie sich selbst zur EB zählen, werden sie von anderen Evangelikalen kritisch bis ablehnend behandelt. Die Bekenntnisbewegung etwa steht noch in der Tradition der Berliner Erklärung von 1909. Auch in der Evangelischen Allianz gibt es viele Kritiker der Pfingstbewegung, doch hat es in den letzten Jahren auch Annäherungsversuche gegeben. Eine solche Annäherung brachte die sogenannte „Kasseler Erklärung" aus dem Jahr 1996. Nach Gesprächen zwischen Repräsentanten der Deutschen Evangelischen Allianz und des Bundes Freikirchlicher Pfingstgemeinden kam es zu einer Vereinbarung, in der die Allianz Charismen wie Sprachenrede und Prophetie anerkennt, sich jedoch von Extremen charismatischer Frömmigkeit wie „Ruhen oder Lachen im Geist" abgrenzt. Die pfingstkirchlichen Vertreter bekennen sich ihrerseits zur Glaubensbasis der Allianz und versprechen, auf dieser Grundlage in der Allianz mitzuarbeiten, ohne ihre speziellen Erkenntnisse für alle Christen als verpflichtende Norm darzustellen. Zugleich trennen sie sich auch von jeder Form eines mehrstufigen Heilsverständnisses. Grundsätzlich bleibt es jeder Allianz vor Ort überlassen, jeweils im Gespräch mit den Pfingstlern, die

Interesse an der Mitarbeit in der Allianz bekunden, zu klären, ob sie „allianzfähig“ sind. Dies bedeutet: Pfingstler sind dann zur Allianz zugelassen, wenn sie ihre Sonderlehren nicht dogmatisieren und für jedermann verbindlich erklären. Dieser Standpunkt wird nicht von allen Allianz-Evangelikalen uneingeschränkt geteilt. Einigen erscheint er allerdings angemessen, weil die von den Pfingstlern gemachte Erfahrung einer „Geistestaufe“ mit Empfang von Charismen nicht als „von unten“ verurteilt werden dürfe, nur weil die Terminologie falsch sei. Die Sache als solche (Erfahrung einer besonderen Geisteserfüllung und Praktizieren von Geistesgaben) sei durchaus biblisch, sie werde nur von vielen Pfingstlern falsch interpretiert und bezeichnet; denn nach neutestamentlichem Sprachgebrauch seien Wiedergeburt und Geistestaufe ein Ereignis.

Im Blick auf ekstatische Erlebnisse gibt es unter den Pfingst-Evangelikalen ein weites Spektrum, das von eher biblisch-nüchtern wie im Mülheimer Verband oder der GGE über gemäßigt-enthusiastisch wie im Bund Freikirchlicher Pfingstgemeinden bis hin zu extrem-enthusiastisch wie in „Wort des Glaubens Gemeinden“ oder dem „Wort+Geist-Zentrum“ in Röhrnbach (Bayerischer Wald) reicht. Letztere, die durch einen überzogenen Wunderglauben und diffuse soteriologische Lehren auffallen, haben verständlicherweise keinen Zugang zur Evangelischen Allianz und können günstigstenfalls als bedingt evangelikal bezeichnet werden.

Charismatische Gemeinden, die mit der GGE zusammenarbeiten, verstehen sich bewusst als anti-enthusiastisch, deren Lebenszentrum die Wirklichkeit des Kreuzes Jesu Christi darstellt. Gelegentliche ekstatische Ausbrüche, die auch in diesen Gemeinden vorkommen, werden indessen in der Regel nicht als „von unten“ verurteilt. Vielmehr wird der Mülheimer Erklärung von 1909 zugestimmt, die einräumte, dass sich in der Pfingstbewegung nicht nur Göttliches, sondern auch

Seelisches bzw. Menschliches und unter Umständen auch Dämonisches geltend macht. Denn dort, wo der Heilige Geist in einem Menschen zu wirken beginnt, kann der Mensch diesem Wirken entgegentreten oder es mit eigener Kraft fördern, so dass eine Mischung von Göttlichem und Menschlichem entsteht. Auf die Gefahr weisen nicht nur Gegner der charismatischen Bewegung hin; auch Charismatiker selbst setzen sich kritisch mit enthusiastischer Frömmigkeit auseinander. Der Schweizer Psychoanalytiker Karl Guido Rey, der selbst in der katholischen charismatischen Bewegung engagiert war, warnt – besonders im Blick auf die Sprachenrede – vor Halbwahrheiten, Unwahrheiten und Irrtümern. Er setzt sich eingehend mit dem unter Pfingst-Evangelikalen häufig anzutreffenden Phänomen des „Fallens im Geist“ und den damit teilweise verbundenen Heilungen auseinander. Während die Mehrheit der Pfingstler und Charismatiker diese Erscheinung als vom Heiligen Geist gewirkt deutet – wobei psychologische Faktoren nicht völlig unberücksichtigt bleiben –, zieht Rey eine rein-psychologische Erklärung vor. Er ist der Meinung, dass das „Fallen im Geist“ und die damit oft verbundenen Heilungen durchaus Folgen von Suggestionen sein können, von denen man weiß, dass sie tief greifende psychosomatische Veränderungen hervorrufen. Der Schweizer Psychoanalytiker glaubt nicht an ein direktes Eingreifen Gottes durch den Heiligen Geist, wenn Menschen in Massenveranstaltungen zu Boden sinken, und meint deshalb, ernstlich vor den Gefahren dieses Phänomens warnen zu müssen, das von mit besonderer psychischer Kraft ausgerüsteten Menschen erzeugt wird. Unter anderem sieht er die Gefahr der Bindung an Menschen und der enttäuschten Heilungserwartungen. Rey zweifelt Krankenheilungen durch die Kraft Gottes nicht an – er weiß, dass es auch in unserer Zeit ungezählte glaubhaft bezeugte Heilungserfahrungen gibt –, aber er warnt vor durch Suggestivverfahren bewirkten

scheinbaren Heilungen, die nur eine kurze Zeit die Symptome zudeckten. Da aber die Ursache der Krankheit nicht beseitigt sei, würden über kurz oder lang wieder Symptome – vielleicht andere als vorher – in Erscheinung treten und die „geheilte“ Person in größere Not kommen als vorher.
Zusammenfassend ist zu sagen, dass die Pfingstbewegung und die charismatische Bewegung ohne Zweifel zur EB gehören und man deshalb zu Recht von „Pfingst-Evangelikalen“ sprechen kann. Weltweit stellen sie einen wesentlichen Strang der EB dar, in Deutschland einen zur Zeit noch weniger wichtigen, aber kontinuierlich an Einfluss gewinnenden. Die enthusiastisch geprägte Frömmigkeit als generell dämonisch beeinflusst darzustellen, darf wohl als verfehlt betrachtet werden. Ekstase und Schwärmerei sind vielmehr meist auf psychische Faktoren zurückzuführen, wobei im Einzelfall auch dämonische Kräfte im Spiel sein können.
Zu differenzieren ist auf jeden Fall zwischen Lehre und Praxis der verschiedenen Strömungen unter den Pfingst-Evangelikalen. Während es auf der einen Seite durchaus klar biblisch geprägte Pfingstler und Charismatiker gibt, mit denen andere Evangelikale zusammenarbeiten können, muss vor extrem-enthusiastisch geprägter Frömmigkeit gewarnt werden, die den Boden gesunder biblischer Lehre und Praxis verlassen hat.

4.4. Die unabhängigen Evangelikalen

Im Unterschied zu den drei gerade beschriebenen evangelikalen Zweigen ist der vierte überwiegend noch relativ jung. Erst seit etwa 1985 kristallisierte er sich langsam heraus und erlangte in den 90er Jahren deutlichere Konturen. Zu den unabhängigen Evangelikalen gehören die russlanddeutschen Aussiedlergemeinden baptistisch-mennonitischer Prägung, die in der *Konferenz für Gemeindegründung* verbundenen Gemeinden und Teile der deutschen Brüderbewegung.

4.4.1. Evangelikale Aussiedlergemeinden

Die Zarin Katharina II. warb seit 1763 um Ausländer, die nach Russland kommen und dem Riesenreich wirtschaftlich helfen sollten. Da Katharina großzügige Versprechungen machte (Glaubensfreiheit, Freiheit vom Kriegsdienst, Recht auf Landzuteilung usw.) und da der Siebenjährige Krieg (1756-1763) viel Not mit sich gebracht hatte, entschieden sich viele Deutsche für eine Auswanderung nach Russland. Unter ihnen waren Lutheraner, Katholiken und auch Mennoniten. Ihre deutsche Kultur, ihre Sprache und ihren Glauben pflegten die Einwanderer sehr gewissenhaft. Geheiratet wurde in der Regel nur untereinander, so dass eine klare Trennung zwischen der einheimischen russischen und ukrainischen Bevölkerung einerseits und den deutschen Einwanderern andererseits erhalten blieb.

Im 19. Jahrhundert gab es unter den Mennoniten pietistisch geprägte Erweckungen, die zu einem neuen Aufleben des christlichen Glaubens unter vielen Siedlern führte. Auch besuchten Pastoren deutscher Baptistengemeinden die deutschen Kolonien in Russland und gründeten baptistisch geprägte Kirchen. Mit der Machtübernahme der Kommunisten verschlechterte sich die Situation der deutschen Siedler jedoch zusehends und es kam in den zwanziger Jahren zu einer großen Auswanderungswelle. Unter der stalinistischen Schreckensherrschaft fanden viele der zurückgebliebenen Deutschen den Tod oder wurden in andere Teile des russischen Reiches umgesiedelt. Während und nach dem zweiten Weltkrieg kamen Tausende deutscher Siedler durch Kriegshandlungen, Hunger und Misshandlungen ums Leben. Erst seit den fünfziger Jahren besserte sich die Lage langsam und erste Deutschstämmige erhielten die Erlaubnis, nach Deutschland heimzukehren. Mitte der siebziger Jahre begann die Rückwanderung stärker zu werden und schwoll in der Gorbatschow-Ära Ende der achtziger und Anfang der neunzi-

ger Jahre zu einem breiten Strom an. Inzwischen sind die meisten Russlanddeutschen in das Land ihrer Vorfahren heimgekehrt. Unter den 4,5 Millionen Umsiedlern aus dem gesamten Ostblock befinden sich 2,5 Millionen aus der ehemaligen Sowjetunion. Unter diesen 2,5 Millionen sind nach vorsichtigen Schätzungen etwa 70.000 Mitglieder täuferischer Gemeinden. In täuferische, also baptistisch oder mennonitisch geprägte Gemeinden wird nur als Mitglied aufgenommen, wer aufgrund seines persönlichen Bekenntnisses zu Jesus Christus die Glaubenstaufe empfangen hat. Da die Aussiedler kinderreiche Familien haben und traditionell jeder – auch wenn er noch nicht getauft wurde und somit kein Mitglied ist – mit zur Kirche geht, ist davon auszugehen, dass die Zahl täuferisch geprägter Aussiedler bedeutend höher ist als die Zahl der Mitglieder. Schätzungen sprechen von etwa 200.000 nicht getauften Familienangehörigen.
Da die russlanddeutschen Baptisten und Mennoniten die in Deutschland vorgefundenen Gemeinden häufig als zu wenig bibelorientiert empfanden, haben sie eigene Gemeinden gegründet. Deren Zahl schätzt man auf gegenwärtig 450. Sie gehören verschiedenen Bünden an, z.B. der Bruderschaft der Christengemeinden in Deutschland, der Vereinigung der Evangeliums-Christen-Baptistengemeinden, dem Bund Taufgesinnter Gemeinden, der Arbeitsgemeinschaft evangelikaler Gemeinden usw.
Die Gottesdienste der Aussiedlergemeinden sind sehr gut besucht. Eine Umfrage unter evangelischen Kirchen und Freikirchen ergab, dass unter den 25 am besten besuchten evangelischen Gottesdiensten in Deutschland 15 freikirchliche Aussiedlergemeinden sind. Eine Analyse von Lehre und Leben der Aussiedlergemeinden zeigt sogleich ihre pietistisch-evangelikale Verwurzelung. Würde man die deutsche Evangelikale Bewegung in ein Spektrum von rechts bis links einteilen, wobei rechts bedeuten würde: Glaube an

die Irrtumslosigkeit der Bibel in allen ihren Aussagen, und links bedeuten würde: Glaube, dass die Bibel nur hinsichtlich ihrer Lehre über den Weg zur Seligkeit irrtumslos ist, aber in historischen und naturwissenschaftlichen Fragen irren kann, dann sind die baptistisch-mennonitischen Aussiedler auf jeden Fall am rechten Flügel einzuordnen.
Interessant ist nun, dass die Aussiedlergemeinden bis vor wenigen Jahren selbst von deutschen Evangelikalen kaum wahrgenommen wurden. Eine Ausnahme bildete der Bund Evangelisch Freikirchlicher Gemeinden, der mit 80.000 Mitgliedern zur Zeit die größte evangelische Freikirche Deutschlands darstellt. In diesem Bund haben sich deutsche Baptisten- und Brüdergemeinden zusammengeschlossen. Der Bund hat sich sehr um eine Integration seiner baptistischen Glaubensgeschwister aus Osteuropa bemüht und viele Gespräche mit Repräsentanten der täuferischen Aussiedler geführt. Dennoch hat sich nur ein kleiner Teil der Aussiedler (etwa 7.000, fallende Tendenz) den deutschen Baptisten angeschlossen. Als Gründe werden genannt die zu großen kulturellen Unterschiede zwischen Aussiedlern und Hiesigen sowie das Empfinden der Aussiedler, dass viele hiesige Gemeinden schon weit von den biblischen Maßstäben abgeirrt sind.
Neben ihren eigenen Gemeinden haben die Aussiedler auch verschiedene christliche Werke ins Leben gerufen. Am 1993 gegründeten Bibelseminar Bonn werden Studierende für den pastoralen und missionarischen Dienst ausgebildet. Das Seminar bietet einen dreijährigen Studiengang auf College-Ebene und einen zweijährigen Aufbaustudiengang auf Master-Ebene an. Letzterer führt in Zusammenarbeit mit einer US-amerikanischen Hochschule zu einem Master-Abschluss. Mit zur Zeit (2006) 230 Studierenden in allen Studiengängen (Tages-, Abend- und Fernschule) ist das Bibelseminar Bonn eines der großen freikirchlichen theologischen Seminare in Deutschland.

Während sich in der Anfangszeit die missionarischen und humanitären Projekte der Aussiedler vor allem auf Osteuropa konzentrierten, arbeiten ihre Missionare heute auf allen Kontinenten. Gleichwohl liegt der Schwerpunkt der Aktivitäten immer noch im Bereich der früheren Sowjetunion. Dort arbeiten die Aussiedler auch besonders effektiv. Denn weil sie mit Sprache und Kultur Russlands vertraut sind, benötigen Aussiedler, die vor 10 Jahren nach Deutschland heimkehrten, hier eine theologische Ausbildung absolvierten und dann als Missionare oder Gemeindegründer wieder in ein Land der GUS gehen, nur eine ganz kurze Eingewöhnungszeit. Zugleich aber unterstützen Missionswerke, die von Aussiedlern in Deutschland gegründet wurden, russische und ukrainische Missionare und versorgen die Gemeinden in der GUS mit humanitärer Hilfe. Zu den großen Missionswerken der Aussiedler gehören Aquila (Bielefeld), Bibel-Mission (Großwallstadt), Missionswerk Friedensstimme (Gummersbach), LOGOS international (Oerlinghausen) und das Internationale Centrum für Weltmission (Bornheim/Bonn). Letzteres zählt mit 130 unterstützten Missionaren zu den großen evangelischen Missionswerken in Deutschland und ist – wie auch LOGOS – Mitglied in der (oben erwähnten) Arbeitsgemeinschaft Evangelikaler Missionen, einem Dachverband evangelikaler Missionsgesellschaften, der nach eigenen Angaben etwa 70 Prozent aller protestantischen Missionare Deutschlands repräsentiert.
Die baptistisch-mennonitischen Aussiedler fühlen sich keinem der anderen drei Zweige der deutschen Evangelikalen Bewegung verbunden. Die Pfingstbewegung wird generell abgelehnt; schwärmerisch-enthusiastisch geprägte Frömmigkeit ist den durch viel Leid gegangenen Aussiedlern realitätsfern. Zur Bekenntnisbewegung haben sie keinerlei Verhältnis, da sie als erst in den letzten Jahrzehnten nach Deutschland eingereiste freikirchliche Gläubige keinen historischen Bezug zum

Kirchenkampf im Dritten Reich oder zur Auseinandersetzung mit der bibelkritischen Theologie in den Landeskirchen besitzen. Am ehesten können die Aussiedler noch etwas mit der Evangelischen Allianz anfangen. Doch auch hier gibt es nur zaghafte Annäherungsversuche. Denn viele Aussiedler sehen in der Allianz eine Art Ökumenischer Rat der Kirchen. Letzteren aber lehnen sie aus theologischen Gründen entschieden ab.

Während sich das Wachstum der Aussiedlergemeinden bis Mitte der neunziger Jahre atemberaubend schnell vollzog – der ständige Zuzug von Aussiedlern aus Osteuropa sowie missionarische Bemühungen unter Aussiedlern in Deutschland ließen die Gemeinden explosionsartig wachsen – haben sich die Wachstumszahlen inzwischen auf unter 10 Prozent jährlich eingependelt und die Gemeindeleiter arbeiten nun an der Konsolidierung ihrer Kirchen.

Für die deutschen Evangelikalen stellen die Aussiedler auf jeden Fall eine Herausforderung dar. Ihre unbedingte Treue zur Heiligen Schrift, ihre Leidensbereitschaft, Opferwilligkeit und ihre engagierte Mitarbeit in der Gemeinde fordern träge gewordene deutsche Evangelikale heraus, Gott wieder den ersten Platz in ihrem Leben und in ihren Gemeinden einzuräumen. (Näheres siehe: www.btg-online.de; www.aeg-online.info; www.icw-online.de; www.bsb-online.de)

4.4.2. Die Konferenz für Gemeindegründung

Eine weitere evangelikale Gruppierung, die bewusst unabhängig von den anderen Zweigen der deutschen Evangelikalen arbeitet, sind die Gemeinden im Umfeld der Konferenz für Gemeindegründung (KfG). 1977 gründete der freikirchliche Prediger Eckehard Strickert die *Deutsche Gemeinde-Mission.* Strickert sah, dass in Deutschland wohl die meisten Menschen einer christlichen Kirche angehören, aber die wenigsten eine wirkliche Glaubensbeziehung zu Jesus

Christus haben. Um Menschen zum Glauben an Christus zu rufen, hielt er die Gründung von bibeltreuen Gemeinden, die sich am Vorbild der neutestamentlichen Urgemeinde orientieren, für einen Erfolg versprechenden Weg. Aus der Deutschen Gemeinde-Mission ging dann 1983 die KfG hervor. Die KfG ist kein Gemeindebund; sie versteht sich als eine Plattform, um Hilfen zur Gründung von bibeltreuen Gemeinden zu geben. Mit ihr verbunden fühlen sich etwa 200 Gemeinden, die teilweise erst in den letzten Jahren entstanden sind (z.B. die Biblischen Missionsgemeinden in Süddeutschland oder manche russlanddeutsche Gemeinden baptistischer Prägung), teilweise aber der schon seit 150 Jahren existierenden Brüderbewegung zuzurechnen sind.
Eine Zahl von Gottesdienstbesuchern jener Gemeinden anzugeben, die mit der KfG verbunden sind, ist schwierig; Schätzungen sprechen von 20.000 bis 25.000 Personen. Mit ihrer viermal jährlich erscheinenden Zeitschrift *Gemeindegründung* wirkt die KfG verbindend und zugleich lehrbildend unter den ihr nahe stehenden Gemeinden.
Die Ausbildung von Leitern im Umfeld der KfG erfolgt seit einigen Jahren verstärkt im „Europäischen Bibel Trainings Centrum" in Berlin. Dieses wurde 2001 mit Unterstützung des kalifornischen Pastors John MacArthur ins Leben gerufen. In Wochenendschulungen werden zukünftige Pastoren und Leiter vor allem in exegetischen und homiletischen Fächern geschult. Die Teilnehmer kommen aus der KfG nahe stehenden Gemeinden, aus russlanddeutschen Baptisten- und Mennonitengemeinden sowie aus Gemeinden der deutschen Brüderbewegung. (Näheres siehe: www.kfg.org; www.ebtc-berlin.de)

4.4.3. Die Brüderbewegung

Die Brüderbewegung, einer ihrer wichtigsten Initiatoren war der ehemalige anglikanische Priester John Nelson Darby

(1800-1882), fasste ab Mitte des 19. Jahrhunderts in Deutschland Fuß. Ein Teil dieser Bewegung („Offene Brüder") lässt sich den Allianz-Evangelikalen zurechnen; der andere Teil („Exklusive Brüder") steht jedoch auf der Seite der unabhängigen Evangelikalen und findet deshalb an dieser Stelle Erwähnung. Die Brüderbewegung ist gekennzeichnet u.a. durch eine starke Betonung der Unabhängigkeit der Ortsgemeinde, des allgemeinen Priestertums aller Gläubigen (verbunden mit einer unterschwelligen Ablehnung von ordinierten Pastoren) und der Irrtumslosigkeit der Heiligen Schrift. Bekannt geworden ist die Brüderbewegung durch ihre „Elberfelder Bibelübersetzung", eine sehr genaue Wiedergabe des hebräischen und griechischen Grundtextes, die auch unter Christen anderer Konfessionen eine weite Verbreitung gefunden hat.

Von den insgesamt knapp 40.000 Mitgliedern der Brüdergemeinden in Deutschland sind 12.000 unabhängig und pflegen kaum Kontakte zu anderen Evangelikalen (die sogenannten „Exklusiven", auch als „Christliche Versammlung" oder „Alte Versammlung" bezeichnet; von den 250 Gemeinden der „Exklusiven" sind in den letzten Jahren etwa 100 zu „Neuen Versammlungen" [auch „Blockfreie Gemeinden" genannt] geworden, die sich nicht mehr so stark abschotten wie die „Alten Versammlungen"). Die „Exklusiven" betonen, gegründet auf die Lehren Darbys, den Gedanken der Absonderung und lehnen eine Zusammenarbeit mit anderen Kirchen ab. Etwa 9.000 Mitglieder in 150 Gemeinden – die so genannten „Offenen Brüder" – gehören zur „Arbeitsgemeinschaft der Brüdergemeinden" (von diesen 150 Gemeinden gehören gleichzeitig 115 zum Bund Evangelisch-Freikirchlicher Gemeinden). Diese „Offenen Brüder" lassen sich zu den Allianz-Evangelikalen zählen und haben ihr geistliches Zentrum im Missionshaus Bibelschule Wiedenest in Bergneustadt bei Gummersbach. An der

Bibelschule studieren rund 120 junge Leute; zum Missionswerk gehören etwa 130 Missionare. Auch das Missionswerk „Neues Leben“ (Altenkirchen) gehört zusammen mit seinem Bibelseminar der Bewegung der „Offenen Brüder“ an. Schließlich gibt es noch 16.000 Mitglieder, die sich in „Freien Brüdergemeinden“ sammeln und mit der Christlichen Verlagsgesellschaft in Dillenburg verbunden sind. Dieses Verlagshaus, zu dem auch eine wachsende Buchhandelskette gehört („Christliche Bücherstuben“), hat seinen Publikationsschwerpunkt neben Bibelauslegungen und erbaulicher Literatur im Bereich Mitarbeitermaterial sowie Kinder- und Jugendliteratur.

Eng verbunden mit der Brüderbewegung ist der erst vor wenigen Jahren gegründete Maleachi-Kreis. Sein Name und sein Programm geht auf Maleachi 3,16 zurück: *„Da redeten die miteinander, die den HERRN fürchteten ...“* (Elberfelder Übersetzung). Ihm gehören „überörtlich tätige Verantwortliche aus dem bibeltreuen evangelikalen Raum“ an, die sich zum Glauben an die Irrtumslosigkeit der Bibel bekennen und der charismatischen Frömmigkeit sowie modernen Gemeindegründungskonzepten wie der Willow Creek-Bewegung kritisch gegenüberstehen. Ein- bis zweimal jährlich ruft der Maleachi-Kreis seine Anhänger zu einer Glaubenskonferenz zusammen, auf der vor unbiblischen Entwicklungen gewarnt und zum entschiedenen Festhalten an den biblischen Wahrheiten aufgerufen wird.

Vor allem exklusive und freie Brüdergemeinden sowie Gemeinden im Umfeld der KfG lassen sich keinem der bisherigen drei Zweige der Evangelikalen Bewegung zuordnen. Da man den Landeskirchen schon wegen ihrer Staatsnähe ablehnend gegenübersteht, bestehen auch kaum Verbindungen zu innerhalb der Landeskirchen arbeitenden Bekenntnis-Evangelikalen. Die Pfingst-Evangelikalen werden gemieden, weil man glaubt, heute gebe es keine außerordentli-

chen Charismen wie Sprachenrede oder Prophetie mehr, und zu den Allianz-Evangelikalen hat man ebenfalls kaum Kontakte, da die Evangelische Allianz den Schulterschluss mit der Pfingstbewegung anstrebt und sich auch in anderen Bereichen mehr und mehr dem „Zeitgeist“ öffne.
Dennoch besitzen diese Gemeinden ein eindeutiges evangelikales Profil. Ähnlich wie die Evangelikalen der Aussiedlergemeinden vertreten sie die Irrtumslosigkeit der Bibel in allen ihren Aussagen und betonen die Verpflichtung der Christen, allen Menschen die Botschaft von Jesus Christus mitzuteilen. (Näheres siehe: www.bruederbewegung.de; www.maleachikreis.de)

Frühere Untersuchungen zur deutschen Evangelikalen Bewegung gingen davon aus, dass mit insgesamt etwa einer Million evangelikal geprägter Christen zu rechnen ist. Zu den Allianz-Evangelikalen rechnen sich ca. 500.000 Personen, zu den Bekenntnis-Evangelikalen 300.000 bis 400.000 und zu den Pfingst-Evangelikalen etwa 150.000. (Überschneidungen kommen selbstverständlich vor. So rechnen sich manche Allianz-Evangelikale gleichzeitig zu den Bekenntnis-Evangelikalen und umgekehrt.) Vor allem der Zuzug der evangelikal geprägten Aussiedler hat zum Anwachsen der Evangelikalen geführt. Der vierte Zweig der Evangelikalen Bewegung, die unabhängigen Evangelikalen, vereint etwa 300.000 Gläubige, so dass heute von insgesamt ca. 1,3 Millionen Evangelikalen in Deutschland ausgegangen werden kann.
Einige Kirchenverbände gelten als weitgehend evangelikal geprägt. Zu ihnen gehören der Evangelische Gnadauer Gemeinschaftsverband (ca. 300.000 Mitglieder; allianz- und bekenntnis-evangelikale Prägung), die Verbände der Aussiedlergemeinden (ca. 80.000; unabhängig evangelikal), die Brüderbewegung (ca. 40.000; allianz-evangelikal und unabhängig evangelikal), der Bund Freikirchlicher Pfingst-

gemeinden (ca. 40.000; pfingst-evangelikal), der Bund Freier evangelischer Gemeinden (ca. 35.000; allianz-evangelikal) und weitere kleinere Verbände. Andere Kirchen, wie etwa der Bund Evangelisch-Freikirchlicher Gemeinden (ca. 85.000) und die Evangelisch-methodistische Kirche (ca. 40.000), sind zumindest teilweise evangelikal geprägt. In den evangelischen Landeskirchen (abgesehen vom in den Landeskirchen wirkenden Gnadauer Verband) weist nur eine Minderheit von unter 3 Prozent evangelikale Prägung auf.

5. Welche Positionen vertreten Evangelikale?

Evangelikale sind so wenig eine homogene Gruppe wie die SPD-Mitglieder eine homogene Partei darstellen. Alle anerkennen zwar das jeweilige Grundsatzprogramm – die Evangelikalen etwa die Basis der Evangelischen Allianz und die oben genannten fünf Kriterien, die SPD-Mitglieder das Grundsatzprogramm ihrer Partei – doch hier wie dort gibt es Flügel: Rechte, Linke und solche, die eher in der Mitte stehen. Für alle Evangelikalen ist die Bibel das Wort Gottes. Sie vertreten die „göttliche Inspiration der Heiligen Schrift, ihre völlige Zuverlässigkeit und höchste Autorität in allen Fragen des Glaubens und der Lebensführung", wie es die Glaubensbasis der Evangelischen Allianz aus dem Jahre 1972 formuliert. Doch was ist unter Inspiration zu verstehen? Ist die ganze Bibel den Autoren von Gott eingegeben worden oder sind nur Teile – etwa nur die theologischen Aussagen – inspiriert? Bedeutet Inspiration Fehlerlosigkeit der Bibel oder muss mit Irrtümern gerechnet werden? Gilt das Alte Testament für die christliche Gemeinde genauso wie das Neue Testament? Auf diese Fragen geben die Evangelikalen unterschiedliche Antworten. Zwei große Richtungen lassen sich unterscheiden.

5.1. Bibelverständnis

Ein Teil der Evangelikalen vertritt die Ansicht, dass die Bibel zwar das vom Heiligen Geist eingegebene Wort Gottes ist. Zugleich aber sagen sie, dass deshalb nicht alle Aussagen der Bibel fehlerlos sind. Gott allein ist unfehlbar, so behaupten sie. Die Bibel aber könne Irrtümer enthalten. Nur jene

Aussagen der Bibel, die den Heilsweg und die rechte christliche Lebensführung aufzeigen, seien ohne Irrtum. Evangelikale dieser Richtung halten die Bibel für die höchste Autorität in dogmatischen und ethischen Fragen und stehen damit im Einklang mit der Glaubensbasis der Evangelischen Allianz. Sie glauben aber nicht, dass naturwissenschaftliche oder historische Aussagen der Bibel unbedingt stimmen müssen. Diese Evangelikalen meinen zum Beispiel, dass der Bericht von Jona im Bauch des Seeungetüms nicht unbedingt wörtlich zu verstehen sei. Sie glauben nicht, dass die Anweisung des Neuen Testaments, Frauen sollten keine Männer belehren, heute noch gültig sei; vielmehr handle es sich um ein kulturell bedingtes Gebot, das im Zeitalter der Emanzipation überholt sei, so dass Frauen heute auch Pastorin werden dürfen. Und sie sind nicht unbedingt der Meinung, dass der Kolosserbrief von Paulus verfasst wurde, sondern neigen eher dazu, einen Apostelschüler als Autor zu sehen. Diese Evangelikalen könnte man die „progressiven Evangelikalen" nennen, weil sie sich von den ursprünglichen evangelikalen Positionen fortentwickelt haben.

Der andere Teil der Evangelikalen, den man als die „konservativen Evangelikalen" bezeichnen könnte, glaubt dagegen, dass alle Aussagen der Bibel verlässlich sind. Zwar sei die Bibel kein naturwissenschaftliches oder geschichtliches Lehrbuch. Doch wenn sie historische Angaben oder naturwissenschaftliche Aussagen mache, dann seien diese korrekt. Dabei brauche man sich den Inspirationsvorgang nicht als ein mechanisches Diktat vorzustellen, bei dem die Persönlichkeit des menschlichen Autors ausgeschaltet wurde und er wie ein Roboter den Willen seines Schöpfers ausführte. Vielmehr wurde die individuelle Persönlichkeit des Autors von Gottes Geist so geleitet, dass er mit vollem Bewusstsein und Willen und unter Wahrung seiner Eigenart das schrieb, was Gott geschrieben haben wollte. Und da Gott als der absolut

Wahrhaftige nur Wahrheit sprechen kann, muss sein Wort wahr und zuverlässig sein. Man spricht hier von der Irrtumslosigkeit der Heiligen Schrift in allen ihren Aussagen und zieht eine Parallele zur Christologie: So wie Jesus Christus Gott und Mensch in einer Person und zugleich ohne Sünde war, so ist die Bibel Gottes- und Menschenwort und zugleich ohne Fehler.

Freilich ist auch diesem Teil der Evangelikalen bewusst, dass nicht alle in der Bibel stehenden Aussagen direkte Anweisungen Gottes an die Leser sind. Wenn etwa David nach seinem Ehebruch mit Batseba seinem Verteidigungsminister Joab die Anweisung gibt: Stelle den Mann der Batseba an eine Position im Heer, wo er höchstwahrscheinlich von den Gegnern erschlagen wird (2. Samuel 11,15), dann ist dies natürlich kein Wort Gottes, obwohl David grundsätzlich als ein Mann nach dem Herzen Gottes bezeichnet wird. Im Gegenteil: David verhält sich hier klar gegen Gottes Willen und muss auch die bitteren Folgen tragen. Und dennoch hat Gott diese Geschichte in sein Wort, die Bibel, aufnehmen lassen, um den Leser vor falschen Wegen zu warnen. Es steht also manches im Wort Gottes, was nicht dem Willen Gottes entspricht, aber dennoch durch Gottes Vorsehung in die Bibel aufgenommen wurde, um den Leser vor Irrwegen zu bewahren. Oder anders formuliert: Alles, was in der Bibel steht, ist von Gottes Geist inspiriert und deshalb Gottes Wort. Doch nicht alles, was in der Bibel steht, ist automatisch Gottes Wort im Sinne von Gottes Willen; vielmehr hat Gott manches in sein Wort gesetzt, was uns ausdrücklich nicht zur Nachahmung empfohlen wird, weil es dem Willen Gottes widerspricht.

Beide evangelikale Gruppen sind sich einig, dass sowohl das Alte wie das Neue Testament von Gottes Geist inspiriert wurden. Doch das Alte Testament steht – im Vergleich zum Neuen Testament – auf einer vorläufigen Offenbarungsstufe;

es ist nicht endgültiges Wort Gottes. Die entscheidende und abschließende Offenbarung Gottes geschieht in Jesus Christus, der den neuen Bund aufrichtet. Diese Wahrheit wird bereits im Alten Testament bezeugt (Jeremia 31,31ff) und im Neuen Testament aufgenommen und bestätigt (Hebräer 8,6ff). Daher ist im Falle sich widersprechender Aussagen von Altem und Neuem Testament (zum Beispiel: *„Auge um Auge, Zahn um Zahn“* im Alten Testament – *„Liebet eure Feinde“* im Neuen Testament) immer das Neue Testament als Richtschnur zu nehmen.
Wo nun findet man die konservativen und die progressiven Evangelikalen? Unter den Allianz-, Bekenntnis- und Pfingst-Evangelikalen findet man sowohl Konservative wie Progressive. Tendenziell wächst die Zahl der Progressiven seit etwa 20 Jahren kontinuierlich und die der Konservativen geht langsam zurück. In welchem prozentualen Verhältnis die beiden Gruppierungen gegenwärtig zueinander stehen, ist kaum auszumachen. Die unabhängigen Evangelikalen dagegen sind durchgängig konservativ orientiert. Sie erheben gegenüber den progressiven Evangelikalen öfters den Vorwurf der Anpassung an den Zeitgeist und grenzen sich von ihnen ab.
Wann ist ein progressiver Evangelikaler so progressiv, dass man ihn nicht mehr als „evangelikal“ bezeichnen kann? Spätestens dann, wenn er den oben genannten fünf Kriterien und der Glaubensbasis der Evangelischen Allianz nicht mehr zustimmt.

5.2. Weltverständnis

Evangelikale glauben, dass die Welt von Gott geschaffen wurde und von Gott vollendet werden wird. Die Geschichte ist also nicht ein sich unendlich wiederholender Kreislauf, sondern geht einem Ziel entgegen.
Lange vor der Schöpfung des ersten Menschen gab es in der von Gott erschaffenen Engelwelt eine Rebellion: Der Engel,

der diese Rebellion anführte, wollte sein wie Gott und zog viele andere Engel mit hinein in den Abfall von ihrem Schöpfer (Judas 6; 2. Petrus 2,4; Johannes 8,44). Dieser Engel wird nach seinem Abfall in der Bibel als Satan und Teufel bezeichnet. Der Mensch wurde vom Teufel verführt und hat sich ebenfalls gegen seinen Schöpfer aufgelehnt, hat seine Gebote nicht gehalten und trägt seitdem einen Hang zum Bösen in sich. Dieser äußert sich in destruktivem Verhalten (Neid, Lüge, Diebstahl, Mord, Krieg etc.), das sich bei allen Menschen aller Kulturkreise mehr oder weniger ausgeprägt findet und das vom Menschen nicht aus eigener Kraft überwunden werden kann. Jesus Christus ist der von Gott auf diese Erde gesandte Sohn Gottes, der stellvertretend für die Schuld des Menschen starb und den Menschen vom Hang zum Bösen befreien kann. Wer das Erlösungswerk Christi für sich glaubend in Anspruch nimmt, erfährt die Vergebung seiner Schuld und die Befreiung von der Macht der Sünde. Doch weil nur eine Minderheit der Menschen Christi Erlösungsangebot annimmt, befindet sich die Menschheit auf einer abschüssigen Bahn. Trotz aller Fortschritte von Wissenschaft und Technik wird es den Menschen nicht gelingen, die Welt zu befrieden, die Krankheiten auszumerzen und Wohlstand und Glück für alle zu schaffen. Evangelikale glauben daher nicht an religiöse und politische Programme, die ein von Menschen geschaffenes Paradies auf Erden versprechen. Sie glauben den Aussagen der Bibel, die davon spricht, dass die Menschheit zum Ende hin in eine Phase spiritueller Verwirrung, großer moralischer Dekadenz und globaler Naturkatastrophen treten wird, die durch die sichtbare Wiederkunft Christi ein Ende nehmen werden (Matthäus 24,1-31; 2. Timotheus 3,1-5). Dann wird Christus sein Friedensreich aufrichten, was viele vor ihm vergeblich versucht haben und wonach sich die Menschen seit Jahrtausenden sehnen.

Evangelikale sind davon überzeugt, dass es ein Leben nach dem Tod gibt. Die Seele des Menschen, seine unverwechselbare Persönlichkeit, ist unsterblich. Am Ende der Zeiten wird es die Auferstehung der Leiber geben und ein Gericht über jeden Menschen, das über sein ewiges Schicksal – Himmel oder Hölle – entscheiden wird.

5.3. Wissenschaftsverständnis

Evangelikale sind nicht wissenschaftsfeindlich. Sie schätzen den Segen der Errungenschaften von Wissenschaft und Technik, warnen aber vor Grenzüberschreitungen.

Während es im Blick auf die friedliche Nutzung der Atomkraft unter den Evangelikalen so wenig einen Konsens gibt wie in der Gesamtgesellschaft und auch die Argumente von Befürwortern bzw. Gegnern denen aus Politik und Wirtschaft entsprechen, findet man eine weitgehende Einmütigkeit der Evangelikalen bezüglich der Beurteilung der Gentechnologie und der extrakorporalen Befruchtung (In-vitro-Fertilisation). Bereits im Jahre 1983 trat eine evangelikale Diakonie-Einrichtung mit einer Stellungnahme an die Öffentlichkeit, in der die In-vitro-Fertilisation und der Embryo-Transfer entschieden abgelehnt wurden. In der Stellungnahme wird die Ansicht vertreten, dass nicht alles Machbare gut und dem Menschen zu tun erlaubt sei. Der Mensch sei zwar mit der Herrschaft über die Schöpfung Gottes betraut worden, doch schließe diese die Verfügung über den Mitmenschen, also über menschliches Leben und menschlichen Tod, nicht ein. Als Geschöpf dürfe sich der Mensch nicht Kompetenzen anmaßen, die nur dem Schöpfer zustehen. Das Geschehen der extrakorporalen Befruchtung versage außerdem dem Menschen als ganzer Person, an der Zeugung beteiligt zu sein; damit gehe aber ein Stück menschlichen Wesens verloren. Ausdrücklich verweist die Erklärung auch auf die Konsequenzen jeder In-vitro-Fertilisation, die schwerwiegende ethische

Probleme aufwerfen: Überzählige befruchtete Eizellen gehen entweder zugrunde, was jeweils den Tod eines Menschen in seiner frühesten Entwicklungsphase bedeutet, oder sie können zu Experimenten benutzt werden, die das Tor zu einem weiten Spektrum möglicher Manipulationen mit unkalkulierbaren Folgen öffnen. Daher rät die Stellungnahme dazu, von der extrakorporalen Befruchtung Abstand zu nehmen und stattdessen Unfruchtbarkeit, die ja nicht unbedingt als Krankheit zu definieren und deshalb nicht medizinisch behandlungsbedürftig ist, als eine Fügung Gottes zu akzeptieren. Für ein Ehepaar, das keine eigenen Kinder habe, gebe es viele andere Aufgaben, nicht zuletzt die der Adoption, die sich in vielen Fällen als eine echte Lebenshilfe für alle Beteiligten erwiesen habe.

Seit der Veröffentlichung der genannten Stellungnahme im Jahre 1983 haben sich verschiedene evangelikale Institutionen ihrer Position angeschlossen und lehnen die extrakorporale Befruchtung ab. Die Deutsche Evangelische Allianz (DEA) brachte ihre Bedenken gegen sie bei einem Gespräch mit der Bundesregierung in Bonn im November 1985 zum Ausdruck; sie sprach sich außerdem dafür aus, die Ersatzmutterschaft, Analyse des Erbgutes sowie Genmanipulationen gesetzlich zu untersagen, damit der Schutz des menschlichen Lebens vom Zeitpunkt seiner Entstehung an gewährleistet bleibe. – Knapp zwei Jahre nach dem Gespräch mit der Bundesregierung veröffentlichte der Hauptvorstand der DEA im Juli 1987 eine Erklärung unter dem Titel „Die neuen Möglichkeiten der Gentechnologie. Grundsätzliche ethische Überlegungen“, die der Bundesregierung zugeleitet wurde. In ihr wird, ausgehend von der Erkenntnis, dass menschliches Leben mit der Befruchtung der Eizelle beginnt, ein umfassender Schutz des Menschen von der Zeugung an durch den Gesetzgeber gefordert. Die im Grundgesetz der Bundesrepublik formulierten Grundrechte des Menschen auf „Leben und körperliche

Unversehrtheit“ sowie auf „freie Entfaltung seiner Persönlichkeit“ seien nur dann zu gewährleisten, wenn die Gefahren der Gentechnik erkannt und durch Gesetze möglichst ausgeschlossen würden. Daher sei so schnell wie möglich den Empfehlungen verschiedener Kommissionen von Experten zu folgen und gesetzliche Verbote aufzurichten, die genetische Eingriffe in Keimbahn-Zellen des Menschen sowie die Erzeugung genetisch-identischer Menschen (Klonen) und von Mischwesen aus Mensch und Tier (Schimären) verhindern. Diese Verbote möchten die Evangelikalen ergänzt sehen von verschiedenen anderen gesetzlichen Regelungen. So wird z.B. die Forderung erhoben, *jeden* Versuch und genetischen Eingriff am menschlichen Embryo zu verbieten; denn niemand könne garantieren, dass selbst Eingriffe, die einzig therapeutischen Zwecken dienen sollten, nicht unkontrollierbare Folgen nach sich ziehen. Auch den Gentransfer in menschliche Körperzellen (somatische Gentherapie) lehnen die Vertreter der DEA ab, da er der erste Schritt auf dem Weg zur Züchtung des Menschen sei. Ebenso könnten molekularbiologische Verfahren zur Entschlüsselung menschlicher Erbanlagen (Genomanalyse), sei es bei der pränatalen Diagnostik oder bei Reihenuntersuchungen an Arbeitnehmern, nicht akzeptiert werden. Denn auch hierbei könne selbst durch ein kompliziertes Sicherungssystem der Missbrauch nicht ausgeschlossen werden; außerdem werde es bei durch pränatale Diagnoseverfahren erkannten genetischen Defekten vermehrt zu Abtreibungen aufgrund von eugenischer Indikation kommen, also zur planmäßigen Tötung von Menschen, denen andere Menschen das Recht zu leben verweigern. Schließlich spricht sich die Stellungnahme auch gegen die Ersatzmutterschaft und die extrakorporale Befruchtung sowie das Einfrieren und Auftauen von Embryonen (Krykokonservierung) aus. Bei der Krykokonservierung sei der Tod von Embryonen praktisch „vorprogrammiert“; außerdem werde

die für das Wesen des Menschen konstituierende Einheit von Vergangenheit, Gegenwart und Zukunft aufgesprengt und seine geschichtliche Existenz aufgelöst.
Indem die Evangelikalen grundsätzlich jeden Eingriff in menschliche Gene ablehnen, möchten sie die dem Menschen (von der Zeugung an) von seinem Schöpfer gegebene (und auch vom Grundgesetz zuerkannte) Würde erhalten sehen. Das Recht, über Leben und Tod sowie die das Leben des Menschen bestimmenden Gene zu verfügen, komme allein Gott zu, weshalb dem Menschen jedes Experimentieren an den Erbanlagen untersagt sei. Im Übrigen berge die Gentechnologie so große Gefahren für die Menschheit in sich, dass sich die Menschen schon aus „Selbstschutz" Grenzen ihres Tuns auferlegen müssten. – Es geht den Evangelikalen bei ihren Vorschlägen zur Gentechnologie nicht um Wissenschafts- oder Technik-Feindlichkeit, sondern um den verantworteten Umgang mit dem Risiko, weil hier der Mensch selbst unmittelbar Inhalt des Risikos ist und Art und Umfang der Schadensfolgen entsprechend schwer wiegen.

5.4. Umweltverständnis

Seitdem die 1974 verabschiedete Lausanner Verpflichtung (Art. 9) die Christenheit zu einem „einfachen Lebensstil" aufgefordert hat, um großzügiger zu humanitärer Hilfe und Evangelisation beizutragen, und seit sich mit dem Beginn der achtziger Jahre die ökologische Krise ständig verschärft hat, ist auch den deutschen Evangelikalen ihre Verantwortung für die Umwelt vermehrt bewusst geworden. So beschäftigte sich der Arbeitskreis für evangelikale Theologie (AfeT) auf seiner ersten Konferenz 1979 in Tübingen mit dem Thema „Einfacher Lebensstil im Dienst von Evangelisation und sozialer Gerechtigkeit". Sowohl dieses Thema wie auch die Formulierung aus Artikel 9 der Lausanner Verpflichtung, einem der wichtigsten evangelikalen Glaubensdokumente, zeigen, dass die Evangelikalen mit einem einfacheren Lebensstil vor allem zwei Ziele verfolgen: Es sollen die infolge Einschränkung des Lebensstandards freigesetzten Mittel zur Ausbreitung des Evangeliums und zur Unterstützung bedürftiger Menschen eingesetzt werden. Zu diesen beiden Zielen ist in der jüngsten Vergangenheit aber noch ein drittes hinzugekommen: Verzicht um der bedrohten Umwelt willen.

Die Adressaten der Aufforderung, einfacher zu leben, sind – wie Art. 9 der Lausanner Verpflichtung ausdrücklich sagt – diejenigen, die „im Wohlstand" leben, also besonders die Christenheit des westeuropäischen und nordamerikanischen Bereiches. – Das evangelikale Verständnis von „einfachem Lebensstil" ist nicht prinzipielle Armut, als ob die wohlhabenden Christen aufgefordert wären, ihren ganzen Besitz zu verkaufen und den Erlös den Armen zu geben; es meint auch nicht nur die Beschränkung auf das Standesgemäße, so dass sich die Lebensführung des Einzelnen, ob üppig oder bescheiden, jeweils nach seiner sozialen Stellung zu richten habe. Es geht vielmehr darum, den eigenen Lebensstandard an den Erfordernissen des Nächsten, und zwar sowohl den geistlich-geistigen wie den materiellen Bedürfnissen, auszurichten. Dies bedeutet in Anlehnung an 2. Korinther 8,13f.: Die Not des andern lässt mich meinen Überfluss erkennen und veranlasst mich zur Einschränkung, so dass ich von meinem Überfluss abgebe und der Nächste eine Besserung seiner Lebenssituation erfährt. Diese Besserung bezieht sich, wie angedeutet, auf die geistliche Lage des anderen: Wohlhabende Christen stellen Personen und Mittel zur Verfügung, um das Wort Gottes auszubreiten; sie bezieht sich aber auch auf die materiellen Bedürfnisse: Durch Entwicklungshilfe und verschiedene andere soziale Maßnahmen wird fremde Not gelindert. Die Evangelikalen der Bundesrepublik versuchen, sich diesen Aufgaben durch die 90 in der Arbeitsgemeinschaft Evangelikaler Missionen (AEM) zusammengeschlossenen

Missionsgesellschaften sowie die beiden in Verbindung mit der DEA tätigen Hilfswerke „Hilfe für Brüder“ und „Christliche Fachkräfte International“ zu stellen.
Besondere Aufmerksamkeit hat in der jüngsten Vergangenheit die Forderung nach einem einfachen Lebensstil auch deshalb gefunden, weil die Umweltzerstörung bedenkliche Ausmaße angenommen hat. Die Evangelikalen haben sich bereits relativ früh mit dieser Herausforderung beschäftigt und auf die Vernachlässigung des biblischen Auftrages zur Pflege und verantwortlichen Verwaltung der Erde (vgl. 1. Mose 2,15) hingewiesen. Der Mensch sei von Gott als Verwalter (Haushalter) mit dem Auftrag eingesetzt, die Schöpfung Gottes zu bewahren. Doch der „Mangel einer ‚Erhaltungs-Ethik‘“ innerhalb der Christenheit habe dazu beigetragen, dass der römisch-rechtliche Eigentumsbegriff im öffentlichen Leben beherrschend geworden sei und der Mensch den ihm von Gott gegebenen Auftrag fast vergessen habe und mehr zu einem Ausbeuter als einem Bewahrer der Schöpfung geworden sei. Die Christen und alle anderen Menschen haben daher (nach Ansicht der Evangelikalen) neu zu lernen, nicht vom Kapital, sondern von den Zinsen, nicht vom Saatgut, sondern von der Ernte zu leben. Dies bedeutet praktisch: Abkehr von der „Wegwerf-Gesellschaft“, von einer auf ständigen Mehrkonsum drängenden Wirtschaftsform und Hinkehr zu bedachtsamer Erhaltung des uns in der Natur anvertrauten Gutes. Es gelte, das biblische Vorbild des genügsamen, bescheidenen Lebens nachzuahmen, das auch für unsere Zeit Gültigkeit besitze; denn es sei nicht eschatologisch motiviert, sondern werde mit der Endlichkeit des Menschen begründet (vgl. 1. Timotheus 6,6ff). Ein einfacher Lebensstil („Konsumverzicht“) werde so einerseits der biblischen Anweisung, die Schöpfung zu bewahren, Rechnung tragen, andererseits aber auch Mittel freisetzen, mit denen bedürftigen Menschen geholfen werden könne. Es impliziere also die Erkenntnis,

Haushalter des Eigentums eines anderen, nämlich Gottes, zu sein, sowohl einen bedachtsam-bescheidenen Umgang mit diesem Eigentum als auch die großmütige Fürsorge im Blick auf den Bedürftigen.

5.5. Politikverständnis

Evangelikale glauben, dass jede Regierung von Gott eingesetzt worden ist, um der Gesellschaft zu dienen (Römer 13,1ff). Deshalb respektieren sie die jeweilige Regierung, beten für sie und bemühen sich, ihren Anordnungen Folge zu leisten. Dies gilt auch für nichtdemokratisch gewählte Regierungen. Die Grenze der Gehorsamspflicht liegt dort, wo Regierungen Anweisungen ausgeben, die den Geboten Gottes widersprechen (Apostelgeschichte 5,29). Deshalb haben Christen im nationalsozialistischen Deutschland Juden versteckt und gerettet; im kommunistischen Russland haben sie Gottesdienste in Privathäusern gehalten, obwohl dies verboten war; in islamischen Ländern geben sie heute Gottes Wort in Hausbibelkreisen weiter, obgleich ihnen schwere Strafen drohen.

Evangelikale setzen sich für eine Kultur des Lebens ein. Darum erinnern sie die Regierenden immer wieder an die Verpflichtung, Leben zu fördern und zu schützen. Der deutsche Lebensbaum kränkelt schon seit Jahren. Mehr Menschen sterben als geboren werden. Abtreibung und Euthanasie dürfen keine Optionen am Anfang bzw. Ende des Lebens sein. Jedes Leben ist von Gott gewollt und schützenswert.

Evangelikalen ist die Familie heilig. Sie werden nicht müde, die Politik an den grundgesetzlichen Auftrag zum Schutz und zur Förderung von Ehe und Familie zu erinnern. Sie sehen mit großer Sorge auf die niedrige Geburtenrate, die zunehmende Zahl unverheiratet zusammenlebender Paare, die hohen Scheidungszahlen und die immer größer werdende Zahl von

Kindern, die wegen familiärer Probleme verhaltensauffällig und krank werden. Dankbar sehen Evangelikale aber auch, dass in unserer Gesellschaft langsam ein Umdenken einsetzt. Bevölkerungswissenschaftler weisen seit Jahren auf die dramatischen Konsequenzen der anhaltend niedrigen Geburtenrate in Deutschland hin, so dass Politik und Gesellschaft gezwungen sind zu handeln. Da pro Frau nur noch 1,36 Kinder geboren werden (nötig wären mindestens 2,1), werden die Auswirkungen des Bevölkerungsrückgangs schlimmer sein als nach dem 30-jährigen Krieg. Steigende Ausgaben für Gesundheit und Renten müssen in Zukunft von immer weniger Erwerbstätigen aufgebracht werden. Verteilungskämpfe stehen uns bevor. Selbst inzwischen ergraute Protagonisten der 68er Generation, die Ehe und Kinder als Überbleibsel einer vergangenen Zeit ansahen und heute kinderlos kurz vor dem Einzug ins Altenheim stehen, beginnen zu begreifen, dass Geld nicht pflegen kann. Auch Medien wie „Spiegel" oder „Zeit", die jahrelang über christliche Werte wie Treue, Hingabe und Selbstlosigkeit spotteten und dazu beigetragen haben, die traditionelle Rollenverteilung von Mann und Frau abzuschaffen, übertreffen sich nun gegenseitig darin, die Familie als „Kernzelle unseres Lebens, unserer Menschwerdung" zu würdigen. Man reibt sich verwundert (und zugleich erfreut) die Augen, wenn man in der „Zeit" liest, dass das von der gegenwärtigen Politik (leider immer noch) favorisierte Modell der Vereinbarkeit von Beruf und Familie ein nicht realisierbares Trugbild sei, das sowohl zu frustrierten, weil überforderten Müttern wie auch zu vernachlässigten Kindern führe, weil Mutterschaft letztlich ein Vollzeitjob sei. Darauf weisen Evangelikale schon seit Jahrzehnten hin. Die Zukunft wird zeigen, dass der Einsatz der Evangelikalen für ein an der Bibel orientiertes Bild von Ehe und Familie ebenso weitsichtig war wie ihre Warnung vor der schleichenden Homosexualisierung der Gesellschaft und

dem wachsenden Einfluss der Schwulenlobby, die die Familie als Leitbild ablösen und eine andere Gesellschaft formen will. Evangelikale sind davon überzeugt, dass eine Gesellschaft untergehen wird, die Homosexualität als normal erklärt und gleichberechtigt neben Heterosexualität stehen lässt.
Viele Evangelikale sehen in den etablierten Parteien nur noch wenige Politiker, die christliche Positionen deutlich erkennbar vertreten. Selbst in den C-Parteien finden sich immer weniger bekennende Christen. Politikverdrossenheit macht sich unter vielen Evangelikalen breit. Doch einige haben auch erkannt, dass sie sich selbst engagieren müssen, wenn sie etwas verändern wollen. So gibt es inzwischen Evangelikale, die politische Verantwortung in Kommunal- und Länderparlamenten übernommen haben. Andere haben – da sie von den bestehenden Parteien keine Rückbesinnung auf christliche Werte mehr erwarten – neue, evangelikal geprägte Parteien wie die Partei Bibeltreuer Christen (PBC) ins Leben gerufen und versuchen so, ihrer Verantwortung für die Gesellschaft gerecht zu werden.
Evangelikale sind häufiger als der durchschnittliche Bürger ehrenamtlich engagiert. Sie erteilen Nachhilfeunterricht für Kinder aus Migrantenfamilien, helfen in der Teenager- und Jugendarbeit ihrer örtlichen Kirchengemeinde mit, organisieren humanitäre Hilfsfahrten in Ostblockstaaten und engagieren sich in der lokalen Kleiderstube.

6. Sind Evangelikale Fundamentalisten?

Die Antwort hängt letztlich von der Definition von Fundamentalismus ab. Als allgemein anerkannt gilt folgende Definition: Als fundamentalistisch werden religiöse Gruppen bezeichnet, die die Moderne als Gefahr wahrnehmen und durch die Rückkehr zu zeitlos gültigen Maßstäben versuchen, das komplexe moderne Leben in ihrem Sinne zu verändern und seinen Gefahren nicht zu erliegen.

Sind Evangelikale in diesem Sinn Fundamentalisten? Die Antwort lautet: ja und nein.

Ja, weil viele Evangelikale in der Tat die Moderne als teilweise dekadent und gottlos und darum als gefährlich empfinden und eine Rückkehr zu biblischen Maßstäben anstreben. Allerdings kann diese Rückkehr zu den biblischen Fundamenten nach evangelikaler Meinung nicht erzwungen werden. Evangelikale kämpfen mit dem Wort Gottes und nicht mit dem Schwert, lehnen also jede Gewalt mit Nachdruck ab. Das Wort Gottes, vor allem das Neue Testament, ist das entscheidende Fundament der Evangelikalen. Sie möchten dem glauben, was im Neuen Testament geschrieben steht und nach seinen Anweisungen leben. Dies bedeutet zum Beispiel, dass sich Evangelikale für den Schutz des ungeborenen Lebens einsetzen und eine Reform des Paragraphen 218 anmahnen. Sie tun dies, indem sie friedlich demonstrieren, mit Politikern über dieses Thema diskutieren und politische Parteien unterstützen oder gründen, die sich für das Lebensrecht Ungeborener einsetzen.

Oder es bedeutet, dass Evangelikale daran glauben, dass Gott der Schöpfer, Erhalter und Vollender des Universums ist, und dies auch in der Öffentlichkeit vertreten. Sie lehnen die Überzeugung ab, die Welt und das Leben seien zufällig entstanden. Zwar gibt es unter den Evangelikalen verschiedene Meinungen darüber, *wie* Gott das Universum geschaffen habe. Manche Evangelikale glauben, Gott habe die Welt vor rund 10.000 Jahren in sechs Tagen geschaffen, wie dies die ersten Blätter der Bibel nahe legen („Kreationisten"). Andere interpretieren die sechs Schöpfungstage unter Verweis auf 2. Petrus 3,8 („*Ein Tag vor dem HERRN ist wie tausend Jahre und tausend Jahre wie ein Tag*") als lange Zeiträume, in denen der Schöpfer nach und nach das Leben sich habe entwickeln lassen. Doch beide evangelikale Gruppen sind sich einig, dass, wie die Bibel lehrt, Gott am Anfang stand und nicht ein blindes Schicksal, und dass Gott am Ende stehen wird und nicht ein großes Chaos. Dabei liegt es den deutschen Evangelikalen fern, mit juristischen Mitteln etwa eine Aufnahme der Schöpfungslehre in die Lehrpläne des Biologieunterrichts zu erreichen, wie dies von manchen Evangelikalen in den USA angestrebt wird. Es geht ihnen vielmehr darum, wissenschaftliche Hypothesen mit wissenschaftlichen Argumenten prüfen und auch hinterfragen zu können. Doch an dieser Stelle reagiert die etablierte Wissenschaftswelt äußerst unwissenschaftlich: Anstatt sich den wissenschaftlichen Argumenten der evangelikalen Evolutionskritiker zu stellen, werden sie als unbelehrbare Fundamentalisten niedergeschrieen. Dies zeigt, wie sehr die Evolutionslehre – ähnlich wie einst der Kommunismus – zu einer Ideologie erstarrt ist, die nur um den Preis der Ächtung hinterfragt werden darf.

Evangelikale sind jedoch *keine* Fundamentalisten, wenn ein Fundamentalist eine Person ist, die andere Ansichten nicht duldet, eigene Anschauungen ohne Dialogbereitschaft vertritt und mit Gewalt zu den Fundamenten zurückkehren und ihre Überzeugungen militant durchsetzen will. In den Massenmedien wird fast nur noch dieser Fundamentalismusbegriff

benutzt und manchmal werden – in Unkenntnis der Wahrheit – einfach alle, die nicht dem Mainstream entsprechen, als Fundamentalisten bezeichnet. Da kann es passieren, dass islamistische Selbstmordattentäter im Iran, hinduistische Eiferer in Indien, jüdische Orthodoxe in Israel und evangelikale Kreationisten in Deutschland alle in einen Topf geworfen und als Gefahr für die Demokratie bezeichnet werden. Weil Evangelikale ihrem Lehrer Jesus Christus folgen, der gesagt hat: „Du sollst deinen Feind lieben", kann ein Evangelikaler per definitionem kein militanter Fundamentalist sein. In dem Augenblick, in dem er in alttestamentliche Verhaltensweisen zurückfällt und Gewalt anwendet, ist er kein Evangelikaler mehr. Deshalb haben jene angeblich evangelikalen Anti-Abtreibungs-Eiferer, die in den USA mit Gewalt gegen Abtreibungskliniken und deren Personal vorgegangen sind, sich selbst außerhalb der evangelikalen Welt gestellt. Gewalt und evangelikales Bekenntnis schließen einander aus.
Doch diese Zusammenhänge Journalisten von Boulevardblättern zu erklären, die vor allem durch reißerisch aufgemachte Überschriften und Artikel für Umsatz sorgen müssen, ist schwierig. Deshalb ist der Vorschlag von jenen Evangelikalen verständlich, die sich dafür aussprechen, ganz auf den Begriff des Fundamentalismus im Zusammenhang mit der Evangelikalen Bewegung zu verzichten, damit nicht weiterhin muslimische Selbstmordattentäter in einem Atemzug mit evangelikalen Kreationisten genannt werden. (Ein größerer Gegensatz als der von Islamisten und Evangelikalen ist kaum denkbar. Während der Koran ausdrücklich zum Dschihad, zum bewaffneten Kampf gegen die Ungläubigen, aufruft, verbietet das Neue Testament unmissverständlich jede Gewaltanwendung. *„Stecke dein Schwert an seinen Ort! Denn wer das Schwert nimmt, der soll durchs Schwert umkommen"*, ruft Jesus seinem Jünger Petrus zu, als dieser ihn mit Gewalt vor den Soldaten zu retten versucht.)

Gegner der Evangelikalen diffamieren auch deshalb gerne die Evangelikalen als ewiggestrige Fundamentalisten, weil Evangelikale absolute Wahrheiten vertreten, und dies sei für eine postmoderne, tolerante Gesellschaft gefährlich. Viele Zeitgenossen sind eben der Meinung, nur der Relativismus sei für aufgeklärte Menschen des 21. Jahrhunderts eine angemessene Geisteshaltung. Dabei vertreten sie den Relativismus zeitweise so exklusiv, dass man durchaus von einer „Diktatur des Relativismus" sprechen darf mit – paradoxerweise – teilweise deutlich fundamentalistischen Zügen. Evangelikale glauben an absolute Werte und lehnen den Menschen als Maß aller Dinge entschieden ab. Sie sind der Meinung, dass Gott der letzte Maßstab und die Bibel als das zuverlässige Wort Gottes der Kompass unseres Lebens und dass Jesus Christus der einzige Weg zum Himmel ist. Jesus war nicht postmodern, Evangelikale sind es auch nicht. Doch Jesus hat niemanden gezwungen, ihm nachzufolgen. Der christliche Glaube beansprucht für sich, die Wahrheit zu sein. Aber er erlaubt jedem, diese Wahrheit nicht anzunehmen. Christen zwingen niemanden zum Glauben an Jesus. Sie werben, sie bitten, aber sie lassen jedem die Freiheit. (Dass es im Mittelalter zu Zwangsbekehrungen gekommen ist, ist eine traurige Pervertierung des christlichen Glaubens, für die sich die Christen nur entschuldigen können.) Zum christlichen Glauben gehört wesenhaft die Freiheit, nicht zu glauben. Ja, ohne den christlichen Glauben wäre es wahrscheinlich gar nicht zu freiheitlich-rechtlichen Demokratien und zur Freiheit der Wissenschaft gekommen, wie wir sie heute vor allem in der westlichen Welt haben. Evangelikale sind – genau wie Muslime oder Hindus – überzeugt von der absoluten Wahrheit ihres Glaubens. Im Unterschied zu anderen Religionen tolerieren sie aber zugleich jeden „Ungläubigen" und zwingen niemanden, den christlichen Glauben anzunehmen. Hier liegt ein fundamentaler Unterschied zwischen Christentum und Islam.

7. Haben Evangelikale eine Zukunft?

Noch vor wenigen Jahrzehnten sahen Soziologen und auch manche modernen Theologen die Religion allgemein und die Evangelikale Bewegung speziell als eine auslaufende Erscheinung. Die moderne Wissenschaft werde die Probleme der Menschen lösen; der Glaube werde überflüssig werden. Nur ein paar Unbelehrbare würden noch religiös sein. Diese Vorhersage hat sich als Irrtum erwiesen. Religion erlebt eine Renaissance. Dies gilt nicht nur für den Islam und asiatische Religionen. Auch der christliche Glaube, vor allem in seiner evangelikalen Prägung, lebt und breitet sich weiter aus.

Allerdings hängt dies auch damit zusammen, dass Wissenschaft und Technik die existentiellen Menschheitsfragen und -probleme nicht lösen konnten, ja dass wir heute vor größeren, vielfach durch die moderne Technik verursachten Problemen stehen als früher. Die Technik hat Autos, Flugzeuge und Industrieanlagen hervorgebracht, die uns viele Annehmlichkeiten beschert haben. Doch die Kehrseite der Medaille ist die atomare Bedrohung und eine ständig zunehmende Umweltzerstörung immer größeren Ausmaßes (Tier- und Pflanzensterben, Verseuchung der Böden, Verpestung der Luft, Wirbelstürme, Flutkatastrophen, Dürre usw.). Dazu kommt das Wertevakuum unserer pluralistischen Gesellschaft, das die Menschen orientierungslos sich selbst überlässt. In dieser immer komplizierter werdenden Welt suchen viele Menschen nach festen Werten und klarer Orientierung. Da evangelikale Theologie ein deutliches Profil aufweist und den Menschen Antworten gibt auf die Fragen nach dem Woher, Wozu und Wohin, wird ihre Stimme auch in Zukunft Gehör finden.

Freilich ist es schwer voraussehbar, ob die deutschen Evangelikalen jemals eine die Gesellschaft spürbar prägende Größe werden, wie dies etwa in den USA der Fall ist, wo der christliche Glaube eine stärkere Verwurzelung in allen Teilen der Bevölkerung hat. Ohne Zweifel wäre dies der an allen Stellen kränkelnden deutschen Gesellschaft mehr zu wünschen als irgendetwas anderes. Denn längst haben wissenschaftliche Untersuchungen gezeigt, dass fromme Christen zu den nützlichsten Bürgern eines Landes gehören, nicht nur, weil sie fleißig und loyal sind und keine Steuern hinterziehen. Doch die Säkularisierung der deutschen Gesellschaft ist einfach schon so weit fortgeschritten, dass es schwerfällt, an eine Trendwende zu glauben. Medien und Kultur, Politik und Wirtschaft weisen in Deutschland bestenfalls noch christliche Restbestände auf; vielfach sind sie – man denke etwa an die linksliberalen Medien – geradezu antichristlich eingestellt. Nicht zuletzt durch die Vereinigung der beiden deutschen Staaten ist der christliche Grundwasserspiegel Gesamtdeutschlands auf einen historischen Tiefstand abgesunken. Einige der neuen Bundesländer sind inzwischen heidnischer als manche Staaten Afrikas. Ein Gottesdienstbesuch von nur noch 4 Prozent der Mitglieder evangelischer Landeskirchen macht erschreckend klar, wie wenig Rückhalt der christliche Glaube in der Bevölkerung hat. Ebenso zeigt die Entwicklung der deutschen EB in den letzten vierzig Jahren, dass sie ihre Ziele weitgehend nicht erreichen konnte. Ob im Kampf gegen die Abtreibungspraxis, gegen den Zerfall von Ehe und Familie, gegen die Homosexualisierung der Gesellschaft oder im Kampf gegen den Bedeutungsverlust der Kirchen und gegen die liberale Theologie an den Universitäten – überall konnten die Evangelikalen ihre Positionen günstigstenfalls zu Gehör bringen, jedoch nicht durchsetzen. Auch hat die Zahl der Evangelikalen in den letzten vier Jahrzehnten nicht zugenommen. Im Gegenteil: Nur dem Zuzug evangelikal geprägter Umsiedler aus Osteuropa ist es zu verdanken, dass ihre Zahl stabil geblieben ist. Doch wenn die deutsche EB möglicherweise auch weiterhin nur als von der Öffentlichkeit kaum wahrgenommene Subkultur existieren wird, so wird sie gemäß dem neutestamentlichen Auftrag als Salz und Licht (Mt 5,13ff) in unsere Gesellschaft hineinwirken und manchen in der Finsternis menschlicher Philosophien und Ideologien Gefangenen das rettende Licht des Evangeliums Jesu Christi bringen. Und genau dies ist auch ihr Auftrag.

Anhang 1: Übersicht über die Konfessions-zugehörigkeit der Evangelikalen

(siehe Grafik auf Seite 86)

Erläuterung zur Grafik: Die Pfingst-Evangelikalen, zu denen Charismatiker und Pfingstler zu rechnen sind, gehören den Freikirchen und der EKD an. Etwa 60.000 Charismatiker (darunter 400 Pfarrer) sind Mitglieder der EKD oder gehören freien charismatischen Gemeinden an, einige wenige Tausend gehören zur VEF. Die ca. 70.000 Pfingstler sind alle im freikirchlichen Raum zu Hause.

Die Allianz-Evangelikalen kommen in erster Linie aus der VEF und anderen Freikirchen (ohne Pfingstler ca. 250.000) und dem Gnadauer Verband (ca. 300.000). Außerhalb des Gnadauer Verbandes zählen sich nur wenige Mitglieder der EKD zu den Allianz-Evangelikalen.

Die Bekenntnis-Evangelikalen gehören fast ausschließlich der EKD und dem im Raum der EKD wirkenden Gnadauer Verband an. Nur ganz wenige Freikirchler zählen sich zu ihnen. Die Zahl der Bekenntnis-Evangelikalen lässt sich nur schwer schätzen – ohne den Gnadauer Verband 200.000-500.000 –, so dass von einer Gesamtzahl aller Evangelikalen der ersten drei Strömungen von ca. 1 Million ausgegangen werden kann.

Dazu kommen die etwa 300.000 unabhängigen Evangelikalen, die vor allem in baptistisch-mennonitischen Umsiedlergemeinden, der KfG und in Teilen der deutschen Brüderbewegung angetroffen werden, so dass insgesamt etwa 1,3 Millionen Evangelikale in Deutschland leben. Die unabhängigen Evangelikalen pflegen nur vereinzelt Kontakte zu den anderen drei evangelikalen Gruppierungen.

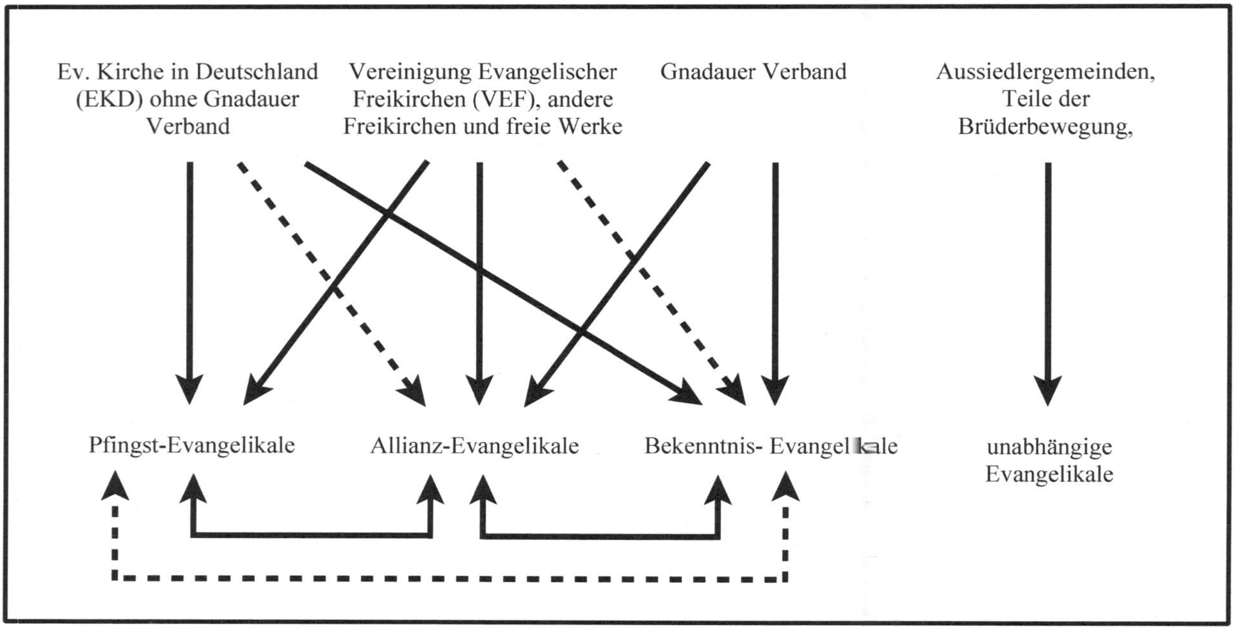
Ev. Kirche in Deutschland (EKD) ohne Gnadauer Verband
Vereinigung Evangelischer Freikirchen (VEF), andere Freikirchen und freie Werke
Gnadauer Verband
Aussiedlergemeinden, Teile der Brüderbewegung,
Pfingst-Evangelikale
Allianz-Evangelikale
Bekenntnis- Evangelikale
unabhängige Evangelikale

Die Verbindungen und Überschneidungen der ersten drei evangelikalen Strömungen untereinander sind unterschiedlich. Während es zahlreiche Verknüpfungen zwischen Allianz- und Bekenntnis-Evangelikalen gibt, bestehen eher wenige, aber seit einigen Jahren kontinuierlich zunehmende Verbindungen zwischen Allianz- und Pfingst-Evangelikalen. Zwischen Bekenntnis- und Pfingst-Evangelikalen gibt es kaum Berührungspunkte. Die immer noch relativ isolierte Stellung der Pfingstler innerhalb der deutschen EB und des gesamten Protestantismus in Deutschland ist eine Folge der Spannungen aus der Anfangszeit des 20. Jahrhunderts. Die unabhängigen Evangelikalen pflegen bisher kaum Kontakte zu anderen Evangelikalen. Doch ist damit zu rechnen, dass in den nächsten Jahren die in Deutschland geborenen Kinder der Umsiedler die unabhängigen Evangelikalen mehr und mehr aus ihrer isolierten Stellung herausführen werden.

Anhang 2: Verzeichnis wichtiger evangelikaler Institutionen und Werke

A. Zusammenschlüsse

Deutsche Evangelische Allianz (Bad Blankenburg)
(Über 200 selbständige diakonische, missionarische, pädagogische und seelsorgerliche Werke arbeiten auf der Basis der Evangelischen Allianz.)

Konferenz Bekennender Gemeinschaften in den ev. Kirchen Deutschlands:
Christen für die Wahrheit
Evangelisch-Lutherische Gebetsgemeinschaften
Evangelische Notgemeinschaft in Deutschland
Evangelische Sammlung Berlin-Brandenburg
Evangelische Sammlung im Rheinland
Kirchliche Sammlung um Bibel und Bekenntnis in Bayern
Kirchliche Sammlung Braunschweig
Kirchliche Sammlung um Bibel und Bekenntnis Nordelbien
Kirchliche Sammlung um Bibel und Bekenntnis Westfalen
Gastmitglieder sind:
Arbeitskreis Bekennender Christen in Bayern
Gemeindehilfsbund
Hilfsaktion Märtyrerkirche
Selbständige Evangelisch-Lutherische Kirche in Deutschland
Ruhende Mitgliedschaft:
Bekenntnisbewegung „Kein anderes Evangelium“

Evangelischer Aufbruch in Deutschland
Evangelische Sammlung in Württemberg
Ludwig-Hofacker-Vereinigung

Wichtigstes Organ: Theologischer Konvent

Geistliche Gemeinde-Erneuerung in der ev. Kirche (Hamburg)

Evangelischer Gnadauer Gemeinschaftsverband (Kassel)
(Ihm gehören über 30 Gemeinschaftsverbände, 10 theologische Ausbildungsstätten und zahlreiche andere christliche Werke und Missionsgesellschaften an.)

B. Theologische Ausbildungsstätten

Alternativen zum Universitätsstudium:

Staatsunabhängige Theologische Hochschule (STH) (Riehen/Basel)
Freie Theologische Akademie (FTA) (Gießen)
Theologische Hochschule Friedensau
Bibelseminar Bonn (BSB) (Bornheim/Bonn)

Ergänzungen zum Universitätsstudium:

Albrecht-Bengel-Haus (Tübingen)
Friedrich-Hauß-Studienzentrum (Schriesheim bei Heidelberg)
Spener-Haus (Mainz)
Bodelschwingh-Haus (Marburg)
Geistliches Rüstzentrum Krelingen (Walsrode)
(Studiengemeinschaft Wort und Wissen)

Bibelschulen und theologische Seminare, die dem Gnadauer Verband angehören:

Albrecht-Bengel-Haus (Tübingen)
Bibelseminar Wuppertal (Radevormwald)
Evangelische Missionsschule Unterweissach (Weissach im Tal)
Evangelistenschule Johanneum (Wuppertal)
Gnadauer Theologisches Seminar Falkenberg (Falkenberg)
Marburger Bibelseminar (Marburg)
Theologisches Seminar Bibelschule Aidlingen (Aidlingen)
Theologisches Seminar der Liebenzeller Mission (Bad Liebenzell)
Theologisches Seminar Tabor (Marburg)
Theologisches Seminar St.Chrischona (Bettingen bei Basel)

Weitere Bibelschulen und theologische Seminare (Auswahl):

Akademie für Weltmission (Korntal)
Bibel-Center Breckerfeld
Bibelschule Brake
Bibelschule Kirchberg
Bibelschule Wiedenest (Bergneustadt)
Bibelseminar Königsfeld
Martin-Bucer-Seminar (Bonn)
Neues-Leben-Seminar (Wölmersen/Altenkirchen)
Theologisches Seminar Adelshofen (Eppingen)

Sie bilden zusammen mit zahlreichen anderen in- und ausländischen theologischen Instituten die „Konferenz bibeltreuer Ausbildungsstätten“ (KbA).

C. Evangelikal geprägte Schüler- und Studentenarbeit

Studentenmission in Deutschland (SMD) (Marburg)
Campus für Christus (Gießen)
Navigatoren (Bonn)
Evangelikale Bekenntnisschulen

D. Mission und Diakonie

Arbeitsgemeinschaft Evangelikaler Missionen (AEM) (Stuttgart)
Arbeitsgemeinschaft Pfingstlich-Charismatischer Missionen (APCM)
Hilfe für Brüder (Stuttgart)
Christliche Fachkräfte International (Stuttgart)
Bund Deutscher Gemeinschafts-Diakonissen-Mutterhäuser und Deutscher Gemeinschafts-Diakonie-Verband (zusammen zwölf Mutterhäuser)
Arbeitskreis Biblische Seelsorge
Biblisch-Therapeutische Seelsorge (BTS)

E. Publizistik/Medien

Evangeliums-Rundfunk Wetzlar
idea e.V. (ev. Nachrichtenagentur)
Verlage:
- ABC-team (sechs Verlage) und Telos-Verlagsgemeinschaft (acht Verlage)
- Stiftung Christliche Medien (scm), die umsatzstärkste evangelikale Verlagsgruppe mit 5 Verlagen: R. Brockhaus Verlag, Bundes Verlag, ERF Verlag, Hänssler Verlag, Oncken Verlag
- Zahlreiche andere evangelikale Verlage wie Christliche

Verlagsgesellschaft, Christliche Literaturverbreitung, jota Publikationen, Verlag für Kultur und Wissenschaft, Verlag für Theologie und Religionswissenschaft usw.
140 Zeitschriften mit 30 Millionen Gesamtauflage pro Jahr

Arbeitsgemeinschaft evangelikaler Buchhändler
Christlicher Medienverbund KEP (Wetzlar)

F. In Verbindung mit der Evangelischen Allianz stehende Werke

Werke, die in enger Verbindung mit der Allianz stehen:

Arbeitsgemeinschaft Biblische Frauenarbeit (ABF)
Arbeitsgemeinschaft Evangelikaler Missionen (AEM)
Arbeitsgemeinschaft Soldatenseelsorge
Arbeitskreis für evangelikale Missiologie (AfeM)
Arbeitskreis für evangelikale Theologie (AfeT)
Christival
Christliche Fachkräfte International (CFI)
Christliche InterNet-Arbeitsgemeinschaft e.V. (CINA)
Christlicher Medienverbund KEP
Evangelisches Allianzhaus Bad Blankenburg
Evangeliums-Rundfunk (ERF)
Hilfe für Brüder (HfB)
idea e.V. Evangelische Nachrichtenagentur
Lausanner Bewegung Deutschland
ProChrist
Ring Missionarischer Jugendbewegungen (RMJ)
Spring GemeindeFerienFestival

Werke, die auf dem Boden der Glaubensbasis der Allianz stehen (Auswahl; insgesamt gibt es über 200 christliche Werke, die auf dem Boden der Allianz stehen):

Aktion „Helfen statt Töten“ (Kassel)

Aktion in jedes Haus (AJH) (Schwelm)
Anzeigen-Missionsgesellschaft (AMG) (Velbert)
Arbeitsgemeinschaft christlicher Plakatmissionen (Hamburg)
Bibellesebund (Marienheide)
Bibelschulen (fast alle der oben genannten)
Blaues Kreuz in Deutschland (Wuppertal)
Campus für Christus (Gießen)
Christliche Vereinigung Deutscher Eisenbahner (Walzbachtal)
Deutsche Missionsgemeinschaft (Buchenauerhof)
Deutsche Zeltmission (DZM) (Siegen)
Fackelträger (Obernhof/Lahn)
Gemeindetag unter dem Wort
help center (Buchenau)
Initiative für bibeltreue Hochschulen (IbH) (Hannoversch Münden)
Internationales Centrum für Weltmission (ICW) (Bornheim/Bonn)
Janz Team (Lörrach)
Jona Kassettendienst (Albbruck)
Jugend für Christus in Deutschland (Mühltal)
Kinder-Evangelisations-Bewegung (KEB) (Frankfurt)
Konferenz für bibeltreue Ausbildung im Hochschulbereich (KbAH)
Lebenswende – Haus Metanoia (Frankfurt)
Licht im Osten (Korntal)
Mission für Süd-Ost-Europa (Siegen)
Missionstrupp Frohe Botschaft (MFB) (Großalmerode)
Missionswerk „Hoffnung für Dich“ (Wabern bei Kassel)
Missionswerk „Neues Leben“ (Altenkirchen)
Navigatoren (Bonn)
Operation Mobilisation, Deutschland (OM) (Heilbronn)
Studentenmission in Deutschland (SMD) (Marburg)

Verband Christlicher Kaufleute (VCK) (Erkrath)
Weißes Kreuz (Kassel)
Wycliff Bibelübersetzer (Burbach-Holzhausen)

Quellen: I. Reimer (Hg.), Evangelistisch-missionarische Werke und Einrichtungen im deutschsprachigen Raum, Stuttgart 1991; R. Hempelmann (Hg.), Handbuch der evangelistisch-missionarischen Werke, Einrichtungen und Gemeinden, Stuttgart 1997; Ev. Allianz-Brief vom Jan. 1975 bis Juni 1981; E. Geldbach, Evangelikalismus. In: R. Frieling (Hg.), Die Kirchen und ihre Konservativen, Göttingen 1984, 81ff.

Weiterführende Literatur zum Thema *evangelikal*

Bäumer, Rudolf; Beyerhaus, Peter (Hrsg.). *Weg und Zeugnis. Bekennende Gemeinschaften im gegenwärtigen Kirchenkampf 1965-1980.* Bad Liebenzell: Verlag der Liebenzeller Mission, 1980.

Bonkhoff, Bernhard H. (Hrsg.). *Weg und Zeugnis. Dokumente und Texte der Bekenntnisgemeinschaften zur kirchlichen Zeitgeschichte 1980-1995.* Lahr: Verlag der St.-Johannis-Druckerei, 1998.

Eggers, Ulrich; Spieker, Markus (Hrsg.). *Der E-Faktor. Evangelikale und die Kirche der Zukunft.* Wuppertal: R. Brockhaus Verlag, 2005.

Jung, Friedhelm. [3]*Die deutsche evangelikale Bewegung – Grundlinien ihrer Geschichte und Theologie*. Bonn: Verlag für Kultur und Wissenschaft, 2001.

Jung, Friedhelm. *Neueste Entwicklungen in der deutschen Evangelikalen Bewegung*. In: Kirchliche Zeitgeschichte 1/2001. Göttingen: Vandenhoeck & Ruprecht, 2001, S. 248-260.

Jung, Friedhelm. *American Evangelicals in Germany: Their*

Contribution to Church Planting and Theological Education. In: Southwestern Journal of Theology, Volume 47, Number 1, Fall 2004, S. 13-24.

Laubach, Fritz. *Aufbruch der Evangelikalen.* Wuppertal: R. Brockhaus Verlag, 1972.

Laubach, Fritz; Stadelmann, Helge (Hrsg.). *Was Evangelikale glauben. Die Glaubensbasis der Evangelischen Allianz erklärt.* Wuppertal und Zürich: R. Brockhaus Verlag, 1989.

Schnabel, Eckhard. *Sind Evangelikale Fundamentalisten?* Wuppertal und Zürich: R. Brockhaus Verlag, 1995.

Stadelmann, Helge. *Evangelikales Schriftverständnis.* Hammerbrücke: jota Publikationen, 2005.

Tidball, Derek J. *Reizwort evangelikal. Entwicklung einer Frömmigkeitsbewegung.* Stuttgart: Christliches Verlagshaus, 1999.